Hans Hesse / Elke Purpus

Mahnmalführer Köln

KLARTEXT

Schriftenreihe der
Kunst- und Museumsbibliothek der Stadt Köln

Bd. 4

hrsg. von Elke Purpus

Hans Hesse / Elke Purpus

Mahnmalführer Köln

Ein Führer zu Kölner Denkmälern
zur Erinnerung an Verfolgung, Widerstand und
den Zweiten Weltkrieg im Nationalsozialismus

Die Titelabbildung zeigt einen Teil der Skulptur „Die Gefangenen" von Ossip Zadkine auf dem Kölner Westfriedhof. (Foto: Britta Schlier, Sabrina Walz)

Herausgeber und Verlag danken für die freundliche Unterstützung:

megalab
Bildkommunikation AG

dunkel blau = HKS 44 K
hell blau = HKS 44 K 50%

Evangelischer
Kirchenverband Köln
und Region

1. Auflage Februar 2010
Satz und Gestaltung: Klartext Medienwerkstatt GmbH, Essen
Umschlaggestaltung: Frank Münschke dwb
nach einem Entwurf
von Helmut Malzkorn
Druck und Bindung: Aalexx Buchproduktion GmbH, Großburgwedel

ISBN 978-3-8375-0168-1

www.klartext-verlag.de
www.museenkoeln.de/kunst-und-museumsbibliothek/

Inhalt

Vorwort

Dieser „Mahnmalführer Köln" erscheint anlässlich der Ausstellung „Gedenk-Räume – Die NS-Zeit in der Gedenkkunst in Köln" vom 6. März bis 9. Mai 2010 im Kölner NS-Dokumentationszentrum „EL-DE-Haus". Während in der Ausstellung der Fokus auf der Präsentation der Mahnmale im öffentlichen Raum liegt, strebt der Mahnmalführer die möglichst vollständige Dokumentation aller Gedenkobjekte in Köln an.[1] Der Rahmen der infrage kommenden Objekte umfasst hierbei sowohl Mahnmale, Denkmäler und Gedenktafeln, die an die Opfer der NS-Verfolgung und des Widerstandes gegen die NS-Diktatur erinnern (die Bezeichnung für diese Denkmalkategorie lautet im Text: Denkmal zur Erinnerung an die Opfer der NS-Verfolgung), als auch so genannte Kriegerdenkmäler, die an die Kriegstoten des II. Weltkriegs (WK) erinnern, und Kriegsgräberanlagen, auf denen Tote des II. Weltkriegs beerdigt liegen.[2]

Hierzu müssen einige Begriffserklärungen gegeben werden: Die so genannten Kriegerdenkmäler werden in diesem Führer durchgängig als II. WK-Denkmäler bezeichnet. Der Begriff „Kriegerdenkmal" ist für die Denkmäler, die an den II. Weltkrieg erinnern, unzutreffend, da auf ihnen in aller Regel auch Ziviltote genannt werden. Dieser Denkmaltyp ist in vier Varianten anzutreffen: als Denkmal, das nach dem I. WK errichtet und nach 1945 auf den II. WK weitergewidmet wurde (die Bezeichnung für diese Denkmalkategorie lautet im Text: I. und II. WK-Denkmal (nach 1918)), als Denkmal, das nach dem II. WK errichtet wurde und sich auch auf den I. WK bezieht (I. und II. WK-Denkmal (nach 1945)), Denkmäler, die sich nur auf den II. WK beziehen (II. WK-Denkmal) und Denkmäler, die sich sowohl auf den I. und/oder II. WK beziehen und ebenfalls Opfer der NS-Verfolgung oder Opfer des Widerstandes gegen die NS-Diktatur nennen (II. WK-Denkmal und zur Erinnerung an die Opfer der NS-Verfolgung).

Einen weiteren, neuen Begriff zu dieser Thematik stellt die Bezeichnung „Gedenkanlage" dar. Wir verstehen darunter Anlagen, die aus mehreren Gedenkobjekten bestehen. Dies können beispielsweise zwei Denkmäler sein: eines zum I. und eines zum II. Weltkrieg, oder aber ein Kriegsgräberfeld und ein Denkmal zum I. Weltkrieg. Kennzeichnend für diese Kategorie ist, dass mehrere Objekte/Elemente[3] zusammengeführt wurden zu einer ‚neuen' Gedenkanlage, die in ihrer jetzigen Form ursprünglich nicht geplant und/oder beabsichtigt gewesen war, sondern über Jahrzehnte wuchs.

Unter dem Begriff „Kriegsgräberfelder" sind Gedenkstätten für Kriegstote zu verstehen. Die Begriffe „Soldatenfriedhöfe" und/oder „Ehrenanlagen" bezeichnen die Situation vor Ort nur unzureichend. Beigesetzt sind nicht nur Soldaten, sondern auch Zivilisten, Zwangsarbeiter, Kriegsgefangene und Fremdarbeiter. Auch „Kriegsgräberfelder" können aus mehreren Elementen bestehen, wenn etwa den eigentlichen Kriegsgräbern noch ein Denkmal oder Gedenkstein hinzugefügt wurde. Dies ist auch der Grund, weshalb Kriegsgräberfelder in diesem Mahnmalführer mit aufgenommen wurden. Abgesehen davon, dass Kriegsgräberfeldern durch ihre besondere Gestaltung (einheitliche Grabkreuze, gartenarchitektonische Komposition) eine Gedenk- bzw. Erinnerungsfunktion zukommt, sind insbesondere den Grabfeldern, auf denen ZwangsarbeiterInnen und/oder Kriegsgefangene beerdigt liegen, sehr häufig Gedenksteine beigefügt, so dass sie als Mahnmal zu definieren sind. Näher erläutert bzw. fotografisch dokumentiert sind in dem Mahnmalführer jedoch lediglich die Zwangsarbeiter- bzw. Kriegsgefangenengräberfelder und die großen Kriegsgräberfelder. Im Anhang sind aber alle Kriegsgräberfelder in der Stadt aufgelistet.

Ebenfalls im Anhang aufgelistet sind Straßen- und Schulnamen, die an Opfer der NS-Verfolgung erinnern. Wir schließen uns diesbezüglichen Erörterungen von Marion Werner an: „Im Gegensatz zu Denkmälern, Hymnen oder Gedenktafeln ist der Straßenname nicht auf einen festgeschriebenen Moment feierlicher Erinnerung angewiesen, sondern besitzt eine klar definierte Gebrauchsfunktion im täglichen Leben. Dadurch dringt sein Symbolgehalt zwingend in Lebensbereiche ein, die sich scheinbar außerhalb der ideologischen Sphäre befinden und bewirkt so eine äußerst subtile Formung des Alltags(bewusstseins). Ein Straßenname besetzt also beide Modi des kollektiven Gedächtnisses: Neben dem kulturellen Gedächtnis gehört er auch dem kommunikativen Gedächtnis an. Das macht ihn zu einem sehr effektiven Medium."[4] Straßen- als auch Schulnamen kommt daher eine Gedenk- bzw. Erinnerungsfunktion zu. Gleiches gilt für Namensgebungen von Gebäuden und/oder Institutionen, wie z. B. das „Nikolaus-Groß-Haus". Nur durch ihre Einbeziehung wird die Gedenktopografie der Stadt vollständig beschrieben und ihre

Verschiedenartigkeit aufgezeigt. Alle drei Verzeichnisse sind im Anhang zu finden.

Der Anhang wird komplettiert durch ein Straßen- und ein Künstlerverzeichnis, die ein gezieltes Absuchen des Mahnmalführers nach anderen Gesichtspunkten ermöglichen sollen, sowie einem Verzeichnis der zitierten Literatur.

Der Mahnmalführer gliedert sich in die neun Stadtbezirke Kölns. Der Bezirk Innenstadt setzt sich zusammen aus Altstadt-Nord/Süd und Neustadt-Nord/Süd. Innerhalb der Bezirke sind die Objekte alphabetisch nach ihren Straßennamen geordnet.

Unser Konzept bedingt, dass aus Gründen der besseren Handhabbarkeit jedem Objekt lediglich eine Seite (mit nur – bis auf wenige Ausnahmen – einem Foto. Weitere Fotos der Objekte werden im Zuge des Projektes „Archiv des Gedenkens an die NS-Zeit im Rheinland" im Internet recherchierbar sein) gewidmet wurde. Nur so kann sichergestellt werden, dass der Umfang des Mahnmalführers es noch ermöglicht, ihn unproblematisch mit sich zuführen.[5] Dies bedeutet aber in aller Regel auch, dass auf ausführlichere Angaben zu Ereignissen, Orten und Personen, auf die sich die Gedenkobjekte beziehen, verzichtet werden musste. Die Literaturangaben zu den einzelnen Gedenkobjekten mögen dieses Manko ausgleichen. Diese Literaturangaben beziehen sich sowohl auf die Ereignisse/Geschehnisse, Orte und Personen, an die die Gedenkobjekte erinnern, als auf die Geschichte des Gedenkobjektes (hierzu gehören, sofern sie ermittelt werden konnten, ebenfalls Angaben zum Künstler usw.) Für die Angaben zu den Ereignissen/Geschehnissen, auf die sich die Gedenkobjekte beziehen, haben wir uns zumeist auf den von Horst Matzerath verfassten Band 12 der Reihe der „Geschichte der Stadt Köln" beschränkt, da dort die aktuellste und weiterführende Literatur angegeben ist.[6]

Der Mahnmalführer hat einige Vorgängerkonzepte und Wurzeln in anderen Büchern. An erster Stelle sei hier der Band „Gedenkstätten für die Opfer des Nationalsozialismus" von Ulrike Puvogel und Martin Stankowski erwähnt. Sehr wichtige Hinweise sind dem Buch von Severin Roeseling „Das braune Köln" entnommen worden. Ein gänzlich anderes Konzept verfolgte Sabine Würich in der Publikation „Das Gedächtnis der Orte. Spuren nationalsozialistischer Verbrechen in Köln". Würichs Band liest sich wie eine Leerstellenbezeichnung. Er kennzeichnet, wo noch was fehlt.[7] Die kunsthistorische Perspektive decken das

Buch „Skulpturenführer Köln. Skulpturen im öffentlichen Raum nach 1900“ von Helmut Fußbroich und der Band „Skulptur in Köln. Bildwerke des 20. Jahrhunderts im Stadtbild“ von Gerhard Kolberg ab.

Mit allen Publikationen gibt es Überschneidungen. Der Mahnmalführer versteht sich als Ergänzung und Fortführung dieser Werke.

★★★

Ein besonderer Dank sei an die Kolleginnen und Kollegen der Kunst- und Museumsbibliothek der Stadt Köln für das Heraussuchen der Literatur und an die beiden Fotografinnen des Rheinischen Bildarchivs, Britta Schlier und Sabrina Walz, gerichtet, von denen alle Fotos des Mahnmalführers angefertigt wurden. Herzlich gedankt sei auch den Kolleginnen und Kollegen vom Kölner NS-Dokumentationszentrum „EL-DE-Haus“, die uns ihre Datenbank zur Recherche der Gedenkobjekte zur Verfügung stellten.

Ein besonders herzlicher Dank gilt der Evangelischen Kirche Köln und Megalab für die großzügige Unterstützung der Ausstellung und des Mahnmalführers.

Hans Hesse, Elke Purpus
Texel, Dezember 2009

Anmerkungen

1 Basis dieses Mahnmalführers ist ein umfangreiches Projekt der Kunst- und Museumsbibliothek/Rheinisches Bildarchiv der Stadt Köln in Zusammenarbeit mit dem Landschaftsverband Rheinland mit dem Titel „Archiv des Gedenkens an die NS-Zeit im Rheinland“. Nähere Informationen im Internet unter www.museenkoeln.de/Archiv-des-Gedenkens-an-die-NS-Zeit.

2 Diese und die folgende Kategorienbildung der Gedenkobjekte ist für das Projekt „Archiv des Gedenkens an die NS-Zeit im Rheinland“ entwickelt worden. Die Vereinheitlichung ermöglicht eine Analyse der Gedenktopografie einer Stadt/eines Landkreises/einer Region und eine vergleichende Betrachtung unterschiedlicher Aspekte und Themen von Städten, Landkreisen und Regionen mit- und untereinander. Die Kategorienbildung hat des Weiteren datenbanktechnische Gründe. So ist es sinnlos, in einem ca. 6000 Objekte umfassenden Pool mit Gedenkobjekten unter dem Stichwort „Denkmal“ zu recherchieren.

3 Zur Definition der Begriffe „Objekt“ und „Elemente“: In aller Regel verstehen wir unter einem „Objekt“ ein Denkmal, eine Gedenktafel oder ähnliches. Unter einem „Element“ sind Details an den Denkmälern oder Gedenktafeln wie Stahlhelme oder Reliefs und ähnliches zu verstehen.

4 Werner, 2008, S. 196f.

5 Dennoch handelt es sich nicht um einen „Stadtführer“ in dem Sinne, dass etwa mehrere Objekte zu „Gedenkwegen“ zusammengefasst wurden.

6 Matzerath, 2009.

7 Ähnlich auch Stankowski, 2004, S. 109.

Die Denkmaltopografie Kölns

1994 blickte Martin Stankowski unter dem Titel seines Aufsatzes „Wem gehört die Erinnerung?" auf ca. 50 Jahre Erinnerungsarbeit in Köln zurück.[1] Er konstatierte, dass sich seit Mitte der 1950er Jahre verschiedene „Kulturen der Erinnerung" herausgebildet hätten: Einerseits die Gedenkpolitik des offiziellen Kölns, repräsentiert in den Mahnmalen von Käthe Kollwitz (Kirchenruine St. Alban, s. Nr. 25 im Mahnmalführer), Ernst Barlach (in der AntoniterCitykirche, s. Nr. 34) und Gerhard Marcks (St. Maria im Kapitol, s. Nr. 14), und andererseits die Erinnerungsarbeit vornehmlich der von Opferverbänden, wie der „Vereinigung der Verfolgten des Nazi-Regimes" (VVN), und Initiativen von Privatpersonen, repräsentiert etwa in den Mahnmalen am Hansaplatz (s. Nr. 12), in den Grabstätten beerdigter Kriegsgefangener und/oder ZwangsarbeiterInnen (s. Nr. 110 und 113) oder dem NS-Dokumentationszentrum der Stadt Köln „EL-DE-Haus" (s. Nr. 3). Von den etwa „50 Erinnerungen" an die Opfer der NS-Verfolgung in Form von Gedenktafeln o. ä. seien rund die Hälfte Anfang der 1980er Jahre eingeweiht worden.[2] Er kritisierte, dass es „kein einheitliches oder langfristiges Konzept des Rates und der Parteien" gegeben habe und gäbe, und schloss seinen Aufsatz mit dem Hinweis auf eine neue, private Gedenkinitiative des Kölner Künstlers Gunter Demnig, der „vor dem Rathauseingang einen Pflasterstein ersetzt [habe] durch einen anderen, auf dem der Anfang des Himmler'schen Erlasses zur Ermordung der Sinti und Roma in Auschwitz zu lesen [sei] und den der Künstler als ‚Stolperstein' bezeichnet" habe (s. Nr. 24).[3] Ob solche künstlerischen Versuche am Ende in der Lage seien, so Stankowski weiter, „die Erinnerung an die Opfer wachzuhalten" sei zwar eine offene Frage, aber es lohne sich allemal, mit solchen „unterschiedliche Antworten zu experimentieren".[4]

Wie stellt sich die Situation heute, 16 Jahre nach dieser ersten Bilanzierung, dar? Als Stankowski Anfang der 1990er Jahre die Kölner Denkmaltopografie zum Gedenken an den II. Weltkrieg und den Opfern von NS-Verfolgung und Widerstand gegen die NS-Diktatur umriss, gab es bereits Anzeichen für einen tiefgreifenden Wandel dieser Denkmallandschaft, der – allgemein gesprochen – als eine Verschiebung vom überwiegenden Weltkriegsgedenken hin zum überwiegenden Gedenken an die Opfer der NS-Verfolgung und des Widerstandes gegen die NS-Diktatur beschrieben werden kann. Wesentliches Merkmal dieser Veränderung ist die 1988 erfolgte Gründung des NS-Dokumentationszentrums der Stadt Köln „EL-DE-Haus". In der Folgezeit begann sich eine neuartige Gedenkinfrastruktur herauszubilden, die es allerdings für die Kriegstoten bereits gab. Nach 1945 wurde die nach dem I. Weltkrieg geschaffene Gedenkinfrastruktur lediglich adaptiert, z.B. durch die Weiterwidmung von Denkmälern, die an die Kriegstoten des I. Weltkriegs erinnerten, auf die Kriegstoten des II. Weltkriegs. Schon wenige Jahre nach dem Kriegsende begann sich dieses Weltkriegsgedenken zu etablieren. Gleichzeitig jedoch schloss dieses Gedenken, das nun die Toten des I. und II. Weltkriegs umfasste, den Nationalsozialismus und damit die eigentliche Ursache des II. Weltkriegs aus (s.z.B. Nr. 75). Der II. Weltkrieg wurde mithin nicht als Folge des Nationalsozialismus gesehen, sondern beide Weltkriege wurden zu einen neuen Sinnzusammenhang verknüpft: dem Weltkriegsgedenken. Dieses Gedenken und die sich damit ausbreitende Gedenkinfrastruktur schloss allerdings die Opfer des NS-Verfolgung und die Opfer des Widerstandes gegen die NS-Diktatur aus (s.z.B. die Gedenkanlage in der AntoniterCitykirche, Nr. 34).

Weiterer sinnbildlicher Ausdruck dieser Veränderung und Etablierung einer spezifischen Gedenkinfrastruktur ist der 1994 noch nicht vorhersehbare Erfolg von Gunter Demnigs Projekt STOLPERSTEINE.[5] Der von Stankowski erwähnte STOLPERSTEIN vor dem Historischen Rathaus wurde am 16. Dezember 1992 verlegt. Es folgte eine mehrjährige Phase von illegalen oder so genannten Probeverlegungen, bevor sich das Projekt ab 1996/97 – zunächst langsam, dann aber immer breitgefächerter – zu etablieren begann. Heute (Stand Dezember 2009) sind bereits über 22 000 Stolpersteine verlegt. Das Projekt wird als das „größte" und einzige „dezentrale" „Kunstwerk", Denkmal oder/und Mahnmal Europas und/ oder der Welt bezeichnet.[6] 2010 wird das Projekt im Deutschen Pavillon auf der EXPO 2010 in Shanghai vorgestellt werden.[7]

Diese Veränderung und Etablierung einer spezifischen Gedenkinfrastruktur soll nun im Weiteren näher dargelegt werden. Die Gesamtzahl (207) der Gedenkobjekte in Köln lässt sich in fünf Kategorien klassifizieren:[8]

Kategorie 1

Gedenktafeln, Mahnmale, Stolpersteine und Ähnliches für Opfer der NS-Verfolgung und

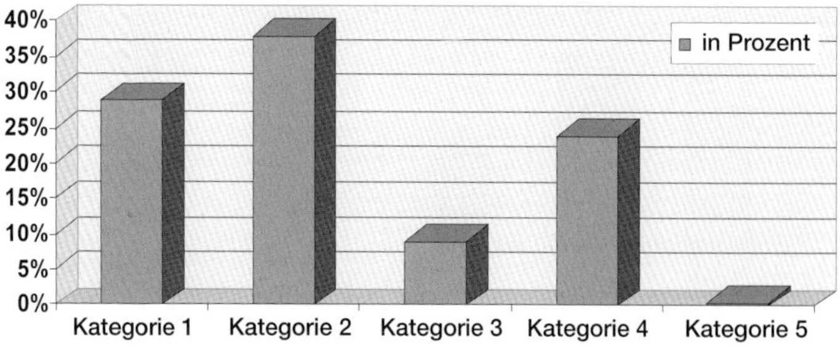

Diagramm 1: Die Verteilung der Gedenkobjekte auf die einzelnen Kategorien in Prozent (Kategorie 1: 61 Objekte = 29 %, Kategorie 2: 78 Objekte = 38 %, Kategorie 3: 18 Objekte = 9 %, Kategorie 4: 49 Objekte = 24 %, Kategorie 5: 1 Objekt = 0,5 %).

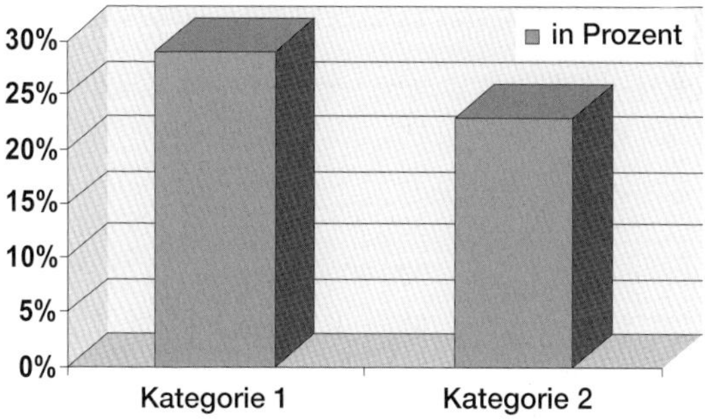

Diagramm 2: Die Verteilung der Gedenkobjekte auf die Kategorien 1 und 2 (reine II. WK-Denkmäler) in Prozent.
(Kategorie 1: 61 Objekte = 29 %, Kategorie 2: 48 Objekte = 23 %).

des Widerstandes gegen die NS-Diktatur

Kategorie 2

Denkmäler zum II. Weltkrieg[9]

Kategorie 3

Gedenkanlagen

Kategorie 4

Kriegsgräberfelder

Kategorie 5

Denkmäler, die sowohl an die Weltkriege als auch an die NS-Verfolgung erinnern (s. Nr. 138).[10]

Diagramm 1 zeigt die Verteilung der Gedenkobjekte auf die einzelnen Kategorien. Demnach überwiegt gegenwärtig noch immer das Weltkriegsgedenken (Kategorie 2) in Köln.

Rechnet man jedoch aus dem Weltkriegsgedenken alle Weiterwidmungsobjekte heraus, womit dann lediglich die Denkmäler, die nur an den II. Weltkrieg erinnern, erfasst sind, so dreht sich das Verhältnis um.

Werden diese Zahlen mit den Angaben bei Stankowski korreliert, dann vollzog sich dieser Umschwung in mehreren Schritten: Bis Anfang der 1980er Jahre existierten demnach ca. 25 Gedenkobjekte, die an die Opfer der NS-Verfolgung

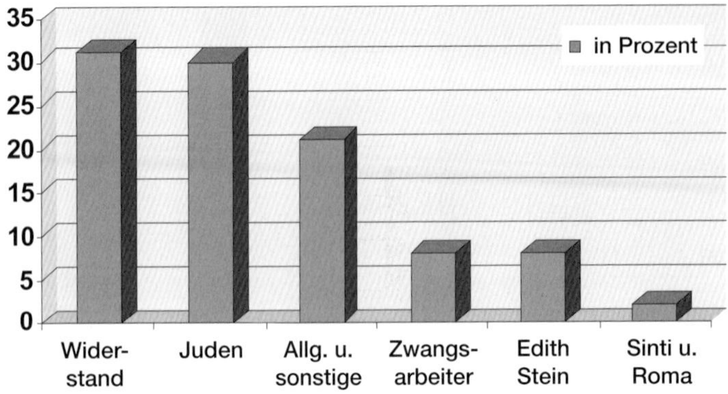

Diagramm 3: Die Verteilung der Gedenkobjekte der Kategorie 1 auf die einzelnen Opfergruppen in Prozent.
(Gedenkobjekte zum Widerstand in der NS-Zeit: 31 %, zur NS-Verfolgung der Juden: 30 %, Gedenkobjekte die an die Opfer der NS-Verfolgung allgemein erinnern, sowie einzelne Opfergruppen wie etwa Homosexuelle: 21 %, Gedenkobjekte für Zwangsarbeiter: 8 %, Gedenken an Edith Stein: 8 % und Gedenken an die NS-Verfolgung der Sinti und Roma: 2 %).

und des Widerstandes gegen die NS-Diktatur erinnerten. Bis Anfang der 1990er Jahre erhöhte sich ihre Zahl auf „rund 50“ und hatte somit bereits zu diesem Zeitpunkt mit dem Gedenken an den II. Weltkrieg aufgeschlossen. In den letzten zwei Jahrzehnten schließlich begann sich das Verhältnis umzukehren.[11] Gegenwärtig ist eine sich komplex ausgebildete Gedenktopografie zu konstatieren, wenngleich nicht zielgerichtet und absichtsvoll als Gesamtkonzept geschaffen, gleichwohl hochgradig ausdifferenziert. Diese Vielschichtigkeit, zugleich aber auch Besonderheit lässt sich anschaulich durch das obige Diagramm illustrieren.

Diagramm 3 zeigt, dass die Gedenkobjekte, die an die Opfer des Widerstandes gegen die NS-Diktatur erinnern knapp über denen liegen, die an die NS-Verfolgung der Juden erinnern.[12] Eine Auffächerung der dritten Säule würde die weitere Differenzierung des Gedenkens aufzeigen, etwa durch einzelne Gedenkobjekte für Homosexuelle oder – aktuell – für die Opfer der NS-Militärjustiz. Gedenkobjekte für ZwangsarbeiterInnen und Sinti und Roma unterstreichen diese Vielschichtigkeit der Gedenktopografie Kölns. Der Hinweis auf die vielen Gedenkobjekte für Edith Stein zeigt jedoch eine Kölner Besonderheit. In der Stadt beziehen sich fünf Gedenkobjekte auf die Verfolgungsgeschichte von Edith Stein. Sie betonen überwiegend ihre Zugehörigkeit zum katholischen Glauben und erwecken damit den Eindruck, Edith Stein sei aus religiösen Gründen verfolgt worden und so

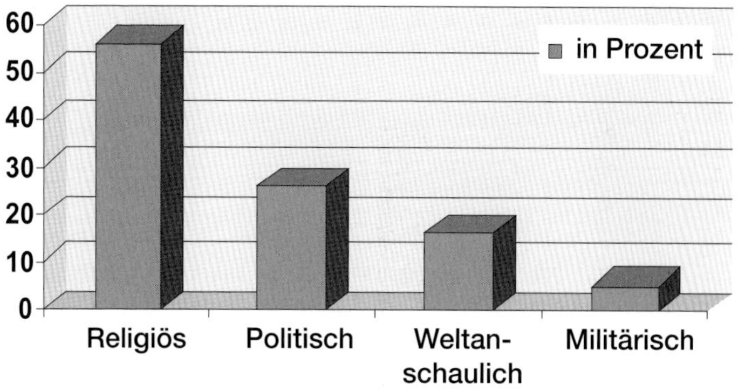

Diagramm 4: Verteilung der Gedenkobjekte, die an die Opfer des Widerstandes gegen die NS-Diktatur erinnern auf einzelne Gruppen in Prozent.
(Religiöser Widerstand: 56 %, politischer Widerstand: 26 %, weltanschaulicher Widerstand: 16 % und militärischer Widerstand: 5 %).

zu einer Märtyrerin geworden (s. Nr. 5, Nr. 38, Nr. 58, Nr. 60 und Nr. 71, außerdem eine Edith-Stein-Schule, ein Straßenname und eine Rathausturmfigur). Ihre tatsächliche rassische Verfolgung, weil sie Jüdin war, tritt hierbei in den Hintergrund.

Dieser Akzent findet seine Fortsetzung im Gedenken an die Opfer des Widerstandes gegen die NS-Diktatur. Deutlich überwiegen Gedenkobjekte, die an den religiösen/katholischen Widerstand erinnern, wobei darauf aufmerksam gemacht werden muss, dass z.B. Nikolaus Groß, Bernhard Letterhaus und Otto Müller, alle Mitglieder der Katholischen Arbeitnehmer-Bewegung (KAB), überwiegend in religiösen Zusammenhängen gedacht wird, wie zum Beispiel in der „Gedenkstätte für drei Märtyrer der KAB" in St. Agnes (s. Nr. 22). Die politische Verfolgung im Nationalsozialismus vermischt sich hier mit überwiegend religiös-kontextualisiertem Gedenken.

Obwohl die STOLPERSTEINE des Kölner Künstlers Gunter Demnig lediglich als ein Gedenkobjekt in die Analyse eingeflossen sind, sollen sie gesondert betrachtet werden, weil die Datenbank des NS-Dokumentationszentrums in Köln Aufschlüsse hierzu möglich macht.[13] Hierbei muss jedoch berücksichtigt werden, dass gerade das Projekt STOLPERSTEINE erstens einem beständigen Wandel ausgesetzt ist und somit immer nur Momentaufnahmen wiedergegeben werden können,[14] und dass zweitens die historische Entwicklung des STOLPERSTEIN-Projektes in Köln nicht mitberücksichtigt werden kann, da hierzu nur sehr allgemeine Aussagen vorliegen.[15]

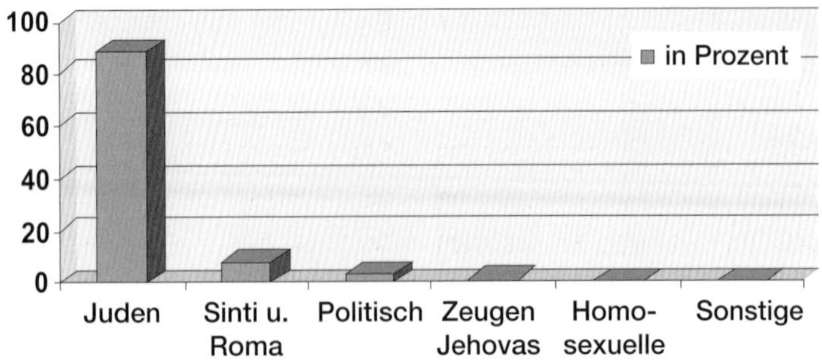

Diagramm 5: Verteilung der STOLPERSTEINE auf die einzelnen Opfergruppen in Prozent. (Stolpersteine für verfolgte Juden: 88 %, Sinti und Roma: 8 %, politisch Verfolgte: 3 %, Zeugen Jehovas: 0,5 %, Homosexuelle: 0,3 % und jeweils 0,1 % für Opfer der Krankenmorde, ZwangsarbeiterInnen und sonstige).

Diese Feststellung überrascht, wenn man sich die gedenkpolitische Bedeutung des Projektes und seines Initiators vor Augen hält. Gunter Demnig hat in Köln nicht nur das STOLPERSTEIN-Projekt initiiert, sondern hier noch weitere Gedenkobjekte initiiert und/oder geschaffen (s. Nr. 13, 24 und 40).

Beispielsweise wäre eine Darstellung der Wirkungsgeschichte des Projektes nicht nur wünschenswert, sondern überfällig und sollte gerade in der Stadt, in der das Projekt seinen Ausgang[16] nahm, in Angriff genommen werden.[17]

Demnigs STOLPERSTEINE sind ein besonders anschauliches Beispiel für die unterschiedlichen Ausprägungsformen des Gedenk-Raumes, den ein Denkmal/Gedenkobjekt einnehmen kann. Die STOLPERSTEINE besetzen den scheinbar leeren, erinnerungslosen, erinnerungsfreien Raum. Demnig webt in ihn einen Code/eine Spur, der/die ihn lesbar macht. Dadurch wird Erinnerung möglich. Die Leere, die Spurlosigkeit wird aufgehoben. Es entsteht ein vierdimensionales Denkmal (definiert durch Raum und Zeit), das nicht in einem einmaligen künstlerischen Schöpfungsprozess erschaffen wird, sondern durch die Zeit bewegt wird und sich dadurch immer wieder erneuert, erweitert und letztendlich noch vor seiner endgültigen Vollendung steht. Die Skulptur ist nicht der einzelne STOLPERSTEIN, sondern die Spur aller Steine. Ihr Verlauf und ihre quantitative Ausformung sind gegenwärtig offen. Die Sichtbarmachung dieser Spur würde sich sicherlich nicht auf die bloße Benennung der Verlegungsorte für einzelne Städte beschränken, sondern in der Gesamtverknüpfung aller einzelnen Steine bestehen.

Da dieses Projekt im Wesentlichen durch bürgerschaftliches Engagement vorangeschoben und nur in einigen wenigen Eckpunkten von dem Künstler gesteuert und begleitet werden kann, entsteht eine Gedenkskulptur, die sich sehr von den üblichen Formen abhebt. Dieses ungesteuerte, dezentrale Wachsen hat aber ohne Zweifel den Nachteil einer – vorsichtig ausgedrückt – gewissen projektimmanenten Beliebigkeit. Es gibt keinen Verteilungsschlüssel, der etwa dazu führte, dass den unterschiedlichen Opfergruppen anteilsmäßig korrekt gedacht würde. Wer dies jedoch fordert, muss sich fragen, ob dies möglich ist. Können wir die Namen aller Opfer nennen? Wird es nicht selbst bei größtem Bemühen zwangsläufig zu Verzerrungen kommen, weil die Namen eben nicht für alle ermittelbar sind? Oder weil auch nicht alle genannt werden wollen? Jegliches Gedenken, das sich auf die Namensnennung bezieht, wird mit diesen Problemen umzugehen haben und auf entsprechende Grenzen stoßen.

Ein anderes Gedenkkonzept stellt das des authentischen Ortes dar. Die Orte des Gedenkens in Köln sind – bedingt durch die Mehrheit des Gedenkens an den religiösen Widerstand/Verfolgung – zunächst Kirchen bzw. kirchliche Einrichtungen; des Weiteren „Tatorte“ im weitesten Sinne, wie etwa das EL-DE-Haus als Sitz der Gestapo, das Gesundheitsamt, KZ-Außenlager oder das so genannte „Braune Haus“. Letzteres führt auch zu der angesprochenen Form des Gedenkens an den authentischen Orten. So sind es in der Mehrheit nicht Denkmäler im klassischen Sinne, die das Gedenken repräsentieren, sondern Gedenktafeln, die einen starken informativen Charakter haben. Offensichtlich verlassen sich die Initiatoren auf die Authentizität des „Tatortes“, der keiner Verstärkung durch ein Denkmal mehr bedarf, sondern im Wesentlichen lediglich einer „Information“, dem gegenüber das Fehlen eines solchen Ortes durch das Setzen eines plastischen Denkmals kompensiert wird. Exemplarisch steht für die letztere Aussage das Edith-Stein-Denkmal von Bert Gerresheim an der Kreuzung Kardinal-Frings-Straße/Unter Sachsenhausen (s. Nr. 5). Das geradezu opulente Denkmal – prall gefüllt mit Geschichten wie ein Geschichtsbuch – steht in einem krassen Gegensatz zur Beziehungslosigkeit seines Standortes, während ein einfacher Gedenkstein mit Inschrift in der Grünanlage Gereonswall an den Standort des Gefängnisses

„Klingelpütz" erinnert (s. Nr. 16). Zudem ist davon auszugehen, dass die zuerst entstandenen Denkmäler stärker skulptural, plastisch ausgerichtet waren, um eine bestimmte Form des Gedenkens zu provozieren, und dass die neueren Gedenkobjekte zumeist auf die „Authentizität" des Tatortes vertrauen (zum Beispiel das Denkmal für das Zwangsarbeiterlager in Brück von Joseph Höntgesberg, das die Fundamente der Baracken andeutet und die Spuren barfüßiger Frauen, s. Nr. 128). Hierin mag sich widerspiegeln, dass die so genannte „Erlebnisgeneration" andere Gedenkbedürfnisse (die Stichworte hier sind Trauer/Gedenken) durch die Denkmäler erfüllt sehen wollte, als die späteren Generationen (Informationen/Erinnern).

Bemerkenswert ist weiterhin die Verteilung der Objekte in der Stadt. 43 % befinden sich in der Innenstadt (Altstadt-Nord und -Süd, Neustadt-Nord und -Süd). Werden die Stadtteile Lindenthal (13 %) und Ehrenfeld (8 %) hinzugerechnet, dann konzentrieren sich nahezu zwei Drittel aller Objekte, die an die NS-Verfolgung erinnern, in diesen drei Stadtteilen. Der Grund hierfür ist in der Ansammlung entsprechender Orte, mit denen NS-Verbrechen verknüpft werden können, zu sehen. Ähnliches lässt sich aber auch zur Verteilung der so genannten Stolpersteine feststellen: 73 % der STOLPERSTEINE befinden sich in der Altstadt und in der Neustadt. Werden die unmittelbar angrenzenden Stadtteile hinzugerechnet, steigt der Prozentsatz auf 92 %. Damit ist auch gedenkpolitisch den NS-Verbrechen ein ‚Ort' zugewiesen worden.

Wie ist im Gegensatz dazu das eingangs konstatierte zeitlich vorgelagerte Weltkriegsgedenken in der Stadt verortet? Auffällig ist, dass die Innenstadt bzw. kernstädtische Bezirke nahezu komplett ohne entsprechende Objekte sind, während sich in den äußeren Bezirken die Denkmäler gleichmäßig verteilen. Dieses Gedenken ist nicht mehr gesamtstädtisch, sondern auf die einzelnen Stadtteile beschränkt. „Köln" heißt in diesem Sinne linksrheinisch der Bereich innerhalb der Straßenzüge Zollstockgürtel, Klettenberggürtel, Sülzgürtel, Melatengürtel u. a. und rechtsrheinisch die Stadtteile Deutz und Mülheim. Somit beginnt bereits jenseits dieses Gürtels das Weltkriegsgedenken erneut zu dominieren und sich die innerstädtisch geschaffene Gedenkinfrastruktur zum Gedenken an die Opfer der NS-Verfolgung und die Opfer des Widerstandes gegen die NS-Diktatur aufzulösen. Es bedeutet auch, dass jenseits dieser Gebiete der NS-Verfolgung und den NS-Verbrechen nur noch sporadisch gedacht wird. So positiv es gewertet werden kann, dass sich in den letzten Jahrzehnten eine entsprechende innerstädtische Gedenkinfrastruktur zum Gedenken an die Opfer der NS-Verfolgung und die Opfer des Widerstandes gegen die NS-Diktatur herausgebildet hat, so muss dennoch konstatiert werden, dass sich diese gesamtstädtisch nicht durchgesetzt hat. Hieraus ergeben sich drei mögliche Perspektiven für die Zukunft: So wäre zu überlegen, ob die Gedenkinfrastruktur zum Gedenken an die Opfer der NS-Verfolgung und die Opfer des Widerstandes gegen die NS-Diktatur gezielt auf den gesamtstädtischen Bereich erweitert werden sollte, z. B. durch die Suche nach weiteren authentischen Orten und Markierung dieser Orte.

Korrespondierend hiermit stellt sich die Frage nach den Namen der NS-Opfer. Während die Namen der gefallenen Soldaten und die Namen der zivilen Kriegstoten auf mehrfache Weise überliefert sind (Kriegsgräber, auf Denkmälern und weitere Gedenkobjekte wie etwa in Gedenk- oder Totenbüchern in den Kirchen), kann dies für die NS-Opfer nicht behauptet werden. Die Namen der Opfer sind jedoch konstituierender Bestandteil eines jeglichen Erinnerns. Zu überlegen wäre, ob nicht verstärkte Anstrengungen unternommen werden sollten, die Namen der NS-Opfer zu ermitteln. Wobei es bei einer ausschließlichen Namensnennung nicht bleiben sollte, sondern möglichst eine biografische Erweiterung anzustreben wäre.[18]

Neben der Frage, welchen Ereignissen/Opfergruppen noch gedacht werden sollte, müsste eine Überarbeitung der Kölner Gedenklandschaft in qualitativer Hinsicht erfolgen. Die Skulptur Andriessens auf dem Hansaplatz (s. Nr. 12) bezieht sich auf niederländische Bombenkriegsopfer. Ein Zusammenhang zur Gedenktafel ist nicht erkennbar. Auf dem Westfriedhof ist die Situation noch prekärer. Weder lässt sich Zadkines Skulpur (s. Nr. 82) zu dem Kriegsgräberfeld in Beziehung setzen, noch stellen die Skulpturen von Lehmann („Pieta“, Nr. 83) und Calleen („Jünglinge im Feuerofen“, Nr. 84) eine zufriedenstellende Lösung dar. Auch sie stehen zusammenhanglos zu den dort beerdigten NS-Opfern. Des Weiteren sind die summarischen Inschriften auf den Gedenktafeln nur wenig geeignet, heutigen Besuchern die Informationen zu bieten, die sie brauchen, um die historischen Ereignisse zuordnen zu können. Und sie werden den dort beerdigten Opfern nicht gerecht.

Zu fragen ist auch, ob die Gestaltung des Gedenk-Raumes „Kriegsgräberfeld" weiterhin in dieser Form akzeptiert werden sollte. Kriegsgräberanlagen müssen nicht zwingend eine militaristische, durch Verwendung des Eisernen Kreuzes sogar eine auf dem Nationalsozialismus fußende Gestaltung behalten.

Zu überlegen ist ferner, ob nicht einige dieser Gedenkobjekte unter Denkmalschutz gestellt werden sollten. Ihre allgemeine Bedeutung für die Gemeinschaft ist bekannt und muss nicht gesondert betont werden. Es ist nicht einzusehen, wieso ausschließlich das Weltkriegsgedenken (repräsentiert in den I. und II. WK-Denkmälern) unter Schutz gestellt wird, während die Gedenkobjekte zum Gedenken an die Opfer der NS-Verfolgung und die Opfer des Widerstandes gegen die NS-Diktatur davon ausgespart bleiben. Im Wesentlichen ginge es darum, die geschaffene Gedenkinfrastruktur zu schützen. Hierzu wäre es allerdings notwendig, sich die Bedeutung jedes einzelnen Gedenkobjektes im Hinblick auf diese Struktur zu vergegenwärtigen. Unabdingbare Voraussetzung wäre zunächst jedoch die Inventarsierung und Beschreibung aller in Frage kommenden Gedenkobjekte.

Anmerkungen

1 Stankowski, 1994, S. 309.
2 Ebd., S. 318.
3 Ebd., S. 319.
4 Ebd.
5 Zu Demnig s. aktuell: Hesse/Purpus, Stolpersteine, 2009. Der Aufsatz beschäftigt sich nicht nur mit den Stolpersteinverlegungen in Frechen, sondern auch mit der Genese und Entwicklung des Projektes STOLPERSTEINE (mit ausführlichen Literaturverweisen und Internetnachweisungen) im Allgemeinen und des künstlerischen Gesamtwerkes Demnigs.
6 Wiedergegeben sind hier nur einige wenige Fundstellen: www.loebliche-singer-pforzheim.de/Bilder/Stolpersteine/2009/Kunstprojekt.pdf; www.hr-online.de/website/rubriken/kultur/index.jsp?rubrik=5710&key=standard_document_36337970; de.wikipedia.org/wiki/Stolpersteine; www.abendblatt.de/kultur-live/article1108942/Der-20-000-Stolperstein-Ein-beispielloses-Mahnmal.html; www.daserste.de/ttt/beitragdyn~uid,ba170qbpwzw61cw6~cm.asp.
7 Vgl. a. Hesse/Purpus, Gedenken und Erinnern, 2009. Der Aufsatz behandelt die Gedenktopografien des Rhein-Erft-Kreises und Kölns. In dem Aufsatz wurde von 207 Gedenkobjekten in Köln ausgegangen, während der Mahnmalführer lediglich 141 Objekte und weitere 31 Kriegsgräberanlagen nennt. Die unterschiedlichen Zahlen ergeben sich daraus, dass die I. WK-Denkmäler, Einigungskriege-Denkmäler und Kriegsgräberfelder zum I. WK im Mahnmalführer nicht wiedergegeben werden.
8 Die Gesamtheit der STOLPERSTEINE wurde lediglich als ein Objekt gerechnet.
9 Inklusive Einigungskriege- und I. WK-Denkmäler und Weiterwidmungen.
10 Zum Zeitpunkt der Abfassung des erwähnten Aufsatzes war uns lediglich ein Objekt bekannt. Mittlerweile sind

zwei weitere hinzu gekommen: Nr. 94 und Nr. 112. Hierfür sprechen die jeweiligen Inschriften „Den Toten der Gewaltherrschaft und der Weltkriege" oder Varianten davon.
Marcks Skulptur „Trauernde" (s. Nr. 14) trug über Jahre die Inschrift „Den Toten". Ein Plakettentext am Denkmal weist es als das „Kölner Totenmal" aus. Ob man es als ein Gedenkobjekt der Kategorie 5 bezeichnen kann, ist jedoch mit einem Fragezeichen zu versehen.

11 Stankowski ging von „ca. 50" Gedenkobjekten für die Opfer der NS-Verfolgung und des Widerstandes gegen die NS-Diktatur aus. Stankowski, 1994, S. 318.

12 Dies dürfte wohl ein Merkmal vieler Großstädte sein. Im ländlichen Raum stellt sich die Situation gänzlich anders dar. Für den Rhein-Erft-Kreis liegen genauere Zahlenangaben vor: Deutlich überwiegt das Weltkriegsgedenken (47 % aller Gedenkobjekte) gegenüber dem Gedenken an die Opfer der NS-Verfolgung und die Opfer des Widerstandes gegen die NS-Diktatur (13 %). In der letztgenannten Gruppe dominiert sodann das Gedenken an die NS-Verfolgung der Juden (55 %), gefolgt von Gedenkobjekten, die allgemein an die NS-Verfolgung erinnern. Gedenkobjekte für weitere einzelne Opfergruppen sind eher die Ausnahme. Vgl. Hesse/Purpus, Gedenken und Erinnern, 2009, S. 45 ff. und Hesse/Purpus, Rhein-Erft-Kreis, 2008.

13 www.museenkoeln.de/ns-dok/default.asp?s=223&tid=138&kontrast=&schrift=.

14 Wie überhaupt zu konstatieren ist, dass es zu dem Projekt Demnigs so gut wie keine wissenschaftlichen Analysen gibt, die z.B. Antworten über Beginn, Verlauf und Entwicklung des Projektes in den einzelnen Städten geben würden. Die einschlägigen Publikationen beziehen sich in aller Regel allgemein auf die Entwicklung des Projektes, was auch mit dem Projekt selber zusammenhängt, das gegenwärtig noch immer einen dynamischen Prozess durchläuft, dessen Ende nicht absehbar ist. Jegliche Versuche, etwa eine Momentaufnahme dieses Projektes in den einzelnen Städten zu schreiben, scheitern mitunter daran, dass getroffene Aussagen zum Zeitpunkt ihrer Publikation bereits wieder als veraltet angesehen werden müssen. Dies gilt jedoch nicht für die Beschreibung der Geschichte des Projektes in den einzelnen Städten. Hierzu könnten sicherlich Aussagen erarbeitet werden, die dauerhaft gültig sind.

15 Vgl. zusammenfassend Hesse/Purpus, Stolpersteine, 2009, S. 244 ff.

16 Die Frage, in welcher Stadt – Köln oder Berlin – als erstes STOLPERSTEINE verlegt wurden, kann auf verschiedene Weisen beantwortet werden. Als Demnig 1993 zum ersten Mal eine Projektskizze veröffentlichte (in: Demnig, Gunter, Projekt Stolperstein, in: Gabriele Lindinger/Karlheinz Schmid (Hg.), Größenwahn – Kunstprojekte für Europa, Regensburg 1993, S. 60–61) wurde als Abbildung eines STOLPERSTEINES der vor dem Historischen Rathaus in Köln verlegte Stein mit dem Himmler-Erlass (s. Nr. 24) wiedergegeben, der am 16. Dezember 1992 ins Pflaster eingelassen worden war. 1994 erfolgte dann eine Installation mit STOLPERSTEINEN vor der Antoniterkirche. 1996 verlegte Demnig als Beitrag zur Ausstellung „Künstler forschen nach Auschwitz" in Berlin-Kreuzberg, in der Oranienburgerstraße, STOLPERSTEINE in der heute bekannten Form, zunächst illegal, die dann nachträglich offiziell anerkannt wurden.

17 Durch eine großzügige Schenkung des Künstlers verfügt die Kunst- und Museumsbibliothek der Stadt Köln über den größten öffentlich zugänglichen Materialbestand zum Gesamtwerk Gunter Demnigs.

18 Wie schnell eine alleinige Namensnennung dennoch ins Vergessen führen kann, zeigt sich exemplarisch an dem Gedenken an den I. Weltkrieg. Obwohl die Namen der gefallenen Soldaten bekannt sind, lässt sich schon heute so gut wie kein weiteres biografisches Detail recherchieren. Vgl. Hesse/Purpus, Vaterland, 2008.

Innenstadt
(Stadtbezirk 1)

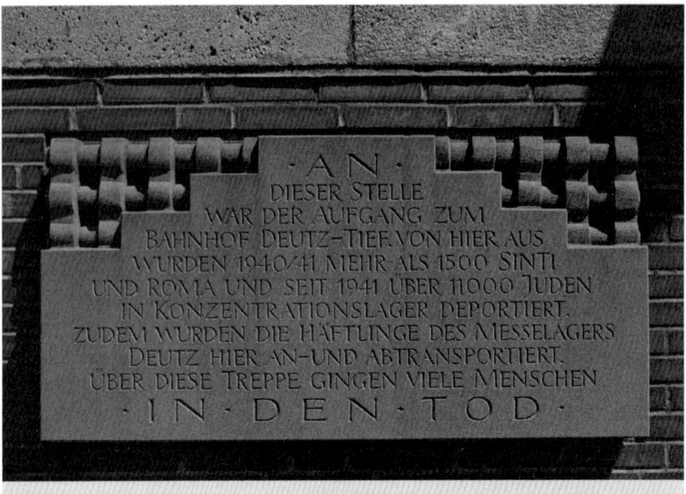

Nr. 1

Standort Am Auenweg, Fußgängerunterführung, Bahnhof Köln-Deutz
Art Denkmal zur Erinnerung an die Opfer der NS-Verfolgung

Die Sandsteintafel wurde am 9. März 1990 eingeweiht und erinnert an den Deutzer Bahnhof als authentischen Ort nationalsozialistischer Verbrechen, u.a. als Anfangspunkt der Deportation Tausender in die Konzentrationslager. Die Inschrift lautet: „An dieser Stelle war der Aufgang zum Bahnhof Deutz-Tief. Von hier aus wurden 1940/41 mehr als 1500 Sinti und Roma und seit 1941 über 11000 Juden in Konzentrationslager deportiert. Zudem wurden die Häftlinge des Messelagers Deutz hier an- und abtransportiert. Über diese Treppe gingen viele Menschen in den Tod."
Im Oktober 1993 versenkte die Künstlerin Helga Eitz einen hölzernen Schädel, in den ein eisernes Hakenkreuz gerammt ist, vor dieser Gedenktafel im Boden. Eine Tafel mit dem Namen dieser Kunstaktion „Nie Wieder. HE 1993" erinnert daran. Die Plastik war 1992 entstanden als eine Form des Protestes gegen Rassismus. „Die ganze Aktion sollte symbolisch den Rassismus und die Gewalt in unseren Köpfen in der Versenkung verschwinden lassen" (Roeseling, S. 124).

Literatur: Matzerath, 2009, S. 353 ff., S. 408 ff.; Puvogel/Stankowski, 1996, S. 570; Roeseling, 2003, S. 124; Würich, 2004, S. 40 f., 56 f., 59 ff.

Nr. 2

Standort Vor dem Messeturm
Art Denkmal zur Erinnerung an die Opfer der NS-Verfolgung

Am 26. Januar 1993 wurde an dieser Stelle ein Mahnmal eingeweiht, das an den authentischen Ort „Köln-Messe" erinnert. Das Mahnmal ersetzt eine Vorläufertafel von 1981. Der Text auf der Tafel lautet: „Messegebäude, Messegelände und der anschließende Bereich bis hin zum Tanzbrunnen waren während des Zweiten Weltkrieges ein zentraler Ort der nationalsozialistischen Gewaltherrschaft in Köln. Hier befand sich eine Reihe von Lagern: Ein Außenlager des KZ Buchenwald, Lager für Kriegsgefangene, sowie Zwangsarbeiterinnen und Zwangsarbeiter, ein Sonderlager der Gestapo für deutsche und ausländische Häftlinge. Von hier aus gingen die Transporte in die Konzentrationslager ab und 1940 wurden Sinti und Roma sowie zwischen 1941 und 1944 Juden deportiert. Hunderte kamen in den Lagern und bei Arbeitseinsätzen ums Leben. Tausende – Männer, Frauen und Kinder – wurden von hier aus in den Tod geschickt."
Am Messeturm befindet sich des Weiteren eine Tafel, die nach einem Kongress der Vereinigung „Internationale Ärzte für die Verhütung des Atomkriegs" 1986 dort angebracht wurde. Der Text lautet: „1944/45 war dieses Gebäude Aussenstelle des Konzentrationslagers Buchenwald. Seine Insassen schworen nach ihrer Befreiung ‚Der Aufbau einer neuen Welt des Friedens und der Freiheit ist unser Ziel.' 1986 fand hier der 6. Weltkongress der Vereinigung ‚Internationale Ärzte für die Verhütung des Atomkriegs' (IPPNW) statt."

Literatur: Fings, 1996; Matzerath, 2009, S. 510; Puvogel/Stankowski, 1996, S. 569; Roeseling, 2003, S. 131; Stankowski, Stadtführer, 2004, S. 268 ff.; Würich, 2004, S. 40 f., 56 f., 59 ff.

Nr. 3

Standort Appellhofplatz 23–25, EL-DE-Haus

Art Denkmal zur Erinnerung an die Opfer der NS-Verfolgung, NS-Dokumentationszentrum der Stadt Köln

In dem Gebäude Appellhofplatz 23–25 befand sich für über neun Jahre das Hauptquartier der Gestapo für den Regierungsbezirk Köln. Es war Ort von Misshandlungen, Folter und Hinrichtungen (zahlreiche Hingerichtete wurden auf dem Westfriedhof beerdigt, Nr. 83). 1988 wurde hier ein Dokumentationszentrum eingerichtet, das sowohl ein Forschungszentrum zur NS-Zeit als auch eine Gedenkstätte umfasst. Das ehemalige Hausgefängnis der Gestapo mit den erhalten gebliebenen Häftlingszellen und den Inschriften der Gefangenen wurde als Gedenkstätte eingerichtet und bildet als „authentischer Ort“ das Herzstück des NS-Dokumentationszentrums. Die „Gedenkstätte Gestapogefängnis“ in den Kellerräumen wurde 2009 neu gestaltet. Dokumentation und Gedenken verknüpfen sich im Kellergeschoss zu einem vielschichtigen Gedenk-Raum. Wobei ein einzelner Raum im hinteren Bereich des Gestapogefängnisses als eigentlicher „Gedenkraum“ geschaffen wurde. Er ist abgedunkelt. Eine Lautsprecherstimme nennt die Namen von Opfern und erzählt kurz ihr Schicksal. Zusätzlich werden die Namen an eine Wand projiziert.

Literatur: Huiskes, Manfred, 1983; Matzerath, 2009, S. 131 ff.; www.nsdok.de; Stankowski, Stadtführer, 2004, S. 156 ff.; Würich, 2004, S. 62, 97.

Nr. 4

Standort Appellhofplatz
Art Denkmal zur Erinnerung an die Opfer der NS-Verfolgung

Am 1. September 2009 wurde das Mahnmal für die Opfer der NS-Wehrmachtsjustiz (Deserteurdenkmal) des Schweizer Künstlers und Grafikdesigners Ruedi Baur eingeweiht. Der Kettentext lautet: „Hommage den Soldaten die sich weigerten zu schiessen auf die Soldaten die sich weigerten zu schiessen auf die Soldaten die sich weigerten zu schiessen auf die Menschen die sich weigerten zu töten die Menschen die sich weigerten zu töten die Menschen die sich weigerten zu foltern die Menschen die sich weigerten zu foltern die Menschen die sich weigerten zu denunzieren die Menschen die sich weigerten zu denunzieren die Menschen die sich weigerten zu brutalisieren die Menschen die sich weigerten zu brutalisieren die Menschen die sich weigerten zu diskriminieren die Menschen die sich weigerten zu diskriminieren die Menschen die sich weigerten auszulachen die Menschen die sich weigerten zu diskriminieren den Menschen der Solidarität und Zivilcourage zeigte als die Mehrheit schwieg und folgte …"
In den Text hineingewoben ist ein Farbcode: Die Worte „schiessen", „töten", „foltern", „denunzieren", „brutalisieren", „diskriminieren", „auszulachen", „schwieg und folgte" sind rot markiert und heben sich dadurch deutlich ab; die Worte „Soldaten", „Menschen" „und Zivilcourage" sind gelb markiert; die Worte „weigerten" und „zeig-

te“ sind grün markiert; die Worte „Hommage“, „der Solidarität“, „Mehrheit“, „auf“ und „zu“ sind blau markiert; die Worte „sich“ und „als“ violett markiert. Diese Markierungen tragen zur Textentschlüsselung wesentliches bei. Über diesen Farbcode ergeben sich komprimierte Satzkombinationen, z.B. „Menschen weigerten sich zu schiessen, töten, foltern, denunzieren, brutalisieren, diskriminieren, auszulachen“, der den letzten fünf Worten gegenübergestellt werden kann „die Mehrheit schwieg und folgte“. Auf diese neuartige Weise regt das Mahnmal zum Nachdenken über die Thematik an. „Es drängt die Besucher nicht, sich vor einer Inschrift im Boden zu verneigen, sondern richtet den Blick nach oben, in den Himmel, und gibt Anstoß zu individueller Reflexion“, wie es in der Begründung der Jury heißt.

Der Text rechts am 1. Pfosten lautet: „Wir gedenken der Menschen, die sich dem nationalsozialistischen Angriffs- und Vernichtungskrieg verweigert und widersetzt haben. Als Deserteure, „Wehrkraftzersetzer“, Kriegsdienstverweigerer oder „Kriegsverräter“ in der Wehrmacht oder als zivile Kriegsgegnerinnen und Kriegsgegner scherten sie aus Front und Heimatfront aus. Alleine 30 000 Soldaten und Zivilisten wurden von der NS-Militärjustiz zum Tode verurteilt, 20 000 davon hingerichtet. Ihr Mut verdient unseren Respekt.“

Weitere Quellen: Kölner Stadt-Anzeiger vom 31.1./1.2.2009; Kunst- und Museumsbibliothek der Stadt Köln, Künstlerdossier Ruedi Bauer; Kölner Stadt-Anzeiger vom 26.2.2009; Kölner Stadt-Anzeiger vom 25./26.4.2009; Kölner Stadt-Anzeiger vom 28.4.2009; Kölner Stadt-Anzeiger vom 2.9.2009. Im Internet Materialien zu dem Denkmal unter: www.museenkoeln.de/ns-dok/default.asp?s=1370&tid=426&kontrast=&schrift=.

Nr. 5

Standort Börsenplatz, Kardinal-Frings-Straße/Gereonstraße, Unter Sachsenhausen
Art Denkmal zur Erinnerung an die Opfer der NS-Verfolgung

Das Mahnmal für Edith Stein von dem Künstler Bert Gerresheim wurde am 11. Oktober 1998 eingeweiht. Es zeigt Edith Stein in drei Lebensphasen: als Jüdin, als Philosophin und als Ordensfrau. Rechts von dem Denkmal befindet sich eine Zeittafel mit den wichtigsten Lebensdaten Edith Steins.
In Köln gibt es weitere Mahnmale für Edith Stein (s.a. Nr. 38, Nr. 58, Nr. 60 und Nr. 71). Außerdem befindet sich am Turm des Historischen Rathauses eine Figur zu Edith Stein.

Literatur: Füllenbach, 2004; Moll, 2006, Bd. 2, S. 894–899; Niederrheinisches Museum für Volkskunde und Kulturgeschichte, 2005; Stadtmuseum Landeshauptstadt Düsseldorf, 2003.

Nr. 6

Standort Claudiusstraße, Mainzerstraße, Fachhochschule (ehemalige Alte Universität)

Art Denkmal zur Erinnerung an die Opfer der NS-Verfolgung

Das Bodendenkmal erinnert an die Bücherverbrennung vom 17. Mai 1933 in Köln. An dieser Stelle finden jährlich Veranstaltungen statt. Alle zwei Jahre wird mindestens ein weiterer Stein eines verfemten Autors eingelassen. Abgebildet ist der Stein für Kurt Tucholsky.

Literatur: Fachhochschule Köln, EL-DE-Haus, 2001; Matzerath, 2009, S. 94 ff.; Rektor der Fachhochschule Köln, 2006; Rektor der Fachhochschule Köln, 2005; Rektor der Fachhochschule Köln, 2001; Rektor der Fachhochschule Köln, 2001, erweiterte und mit Fotos versehene Ausgabe; Weber, 2001.

Quellen: Kunst- und Museumsbibliothek der Stadt Köln: fotografische Dokumentationen zu den Gedenkveranstaltungen; Kölner Stadt-Anzeiger vom 19.4.2008, 19.5.2008; www.17-mai-1933.de.

Nr. 7

Standort Corneliusstraße/Im Ferkulum 29, Kirche St. Severin, Eingang zur Marienkapelle

Art Denkmal zur Erinnerung an die Opfer der NS-Verfolgung

Seit 1967 hängt direkt rechts neben dem Eingang zur Marienkapelle die bronzene Gedenktafel für den Kölner Universitätsprofessor Dr. Benedikt Schmittmann. Der Text der Tafel lautet: „Hier betete mit uns der Kölner Universitätsprofessor Dr. Benedikt Schmittmann, der am 13.9.1939 im KZ ermordet wurde. Er gab sein Leben für Freiheit und Menschenwürde." Nach Benedikt Schmittmann wurden auch ein Studentenwohnheim Am Sachsenring 26, das „Schmittmann-Kolleg" (dort auch ein „Stolperstein") und die Schmittmannstraße benannt. Außerdem befindet sich am Historischen Rathaus am Turm eine Figur für Benedikt Schmittmann.

Literatur: Matzerath, 2009, S. 436ff., 446f.; Moll, 2006, Bd. 1, S. 328–331; Puvogel/Stankowski, 1996, S. 577; Serup-Bilfeldt, 2004, S. 103–114.

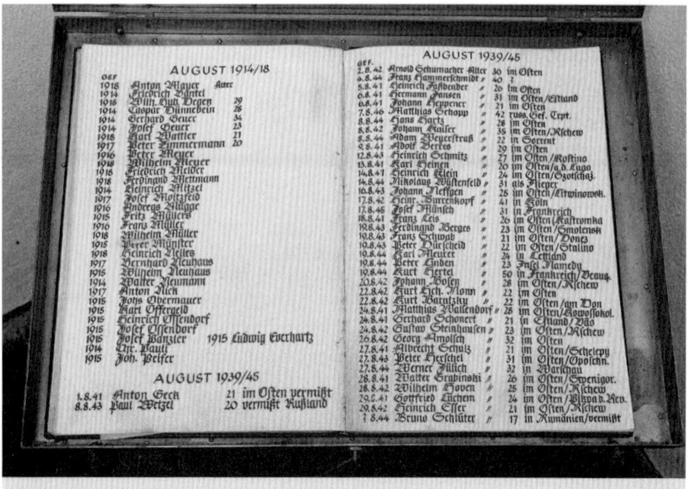

Nr. 8

Standort Corneliusstraße/Im Ferkulum 29, Kirche St. Severin, in der Marienkapelle

Art I. und II. WK-Denkmal (nach 1945)

Ein schlichtes Gedenkbuch mit den Namen der Gefallenen des Ersten und Zweiten Weltkriegs liegt auf einem grazilen Messingpult von einer Glasscheibe geschützt.

Nr. 9

Standort Elsaßstraße 45–47 (linke Hausecke)

Art Denkmal zur Erinnerung an die Opfer der NS-Verfolgung

Die Gedenktafel erinnert an eine Straßenschlacht zwischen den Anwohnern und der SA am 3. März 1933. Auf dem nahen Bunker in der Elsaßstraße ist das Ereignis auf einem Wandbild des Kölner Künstlers Klaus Payer thematisiert. Die Inschrift lautet: „3. März 1933. Wenige Wochen nach der Machtübernahme marschierten SA-Trupps erstmals durch die Elsaßstraße, die als Hochburg der Kommunisten galt. Die Bewohner bewarfen die Nationalsozialisten aus den Fenstern mit Blumentöpfen, Flaschen, Mülltonnen und anderen Gegenständen. Die damalige Schutzpolizei eröffnete daraufhin das Feuer und nahm 70 Personen fest."

Literatur: Matzerath, 2009, S. 72; Purpus/Sellen, 2006, Tafel 42 f., S. 117; Stankowski, Stadtführer, 2004, S. 229; Stankowski, 1989, Bd. 2, S. 177 ff.

Nr. 10

Standort Georgsplatz 17, St. Georg
Art Kriegsgräberfeld II. WK

In der Kirche befindet sich eine so genannte Kriegergedächtniskapelle mit Namenstafeln der I. WK-Gefallenen. Im Hof liegt ein Friedhof, auf dem mehrere Personen (u. a. Pfarrer Heinrich Fabry, drei junge ukrainische Zwangsarbeiterinnen, eine Italienerin, vier Ordensschwestern, ein Soldat und drei Gestapobeamte, die vermutlich eine Gruppe polnischer Zwangsarbeiter in ein KZ begleitet hatten) beerdigt sind, die bei einem Bombenangriff am 2. März 1945 in der Kirche umkamen.

Literatur: Fings, 1996.

Nr. 11

Standort Glockengasse/Offenbachplatz, Oper, ehemalige Synagoge
Art Denkmal zur Erinnerung an die Opfer der NS-Verfolgung

An die Zerstörung der Synagoge 1938 erinnert eine Gedenktafel an der Kölner Oper. Deren Inschrift lautet: „An dieser Stelle stand die 1857–1861 nach Entwürfen von Dombaumeister E. Zwirner erbaute Synagoge. Ein Geschenk von A. Oppenheim. Zerstört am 9. Nov. 1938“. Ein Relief auf der Gedenktafel zeigt die ehemalige Stadtbebauung des Viertels, in dem die ehemalige Synagoge an der Glockengasse hervorgehoben ist.

Literatur: Matzerath, 2009, S. 369 ff.; Puvogel/Stankowski, 1996, S. 574.

Nr. 12

Standort Hansaplatz (Grünanlage vor der alten Stadtmauer)
Art Denkmal zur Erinnerung an die Opfer der NS-Verfolgung

Auf der Grünfläche am Hansaplatz steht neben einer Gedenktafel am Boden eine Skulptur. Sie ist ein Abguss aus einer Figurengruppe, die Mari Andriessen 1946 bis 1953 für die niederländische Stadt Enschede schuf und die 1953 dort aufgestellt wurde. Dieses II. WK-Denkmal (Oorlogsmonument) in Enschede besteht aus sechs bronzenen Skulpturen: „Concentratiekamp" (Konzentrationslager), „Bomslachtoffer" (Bombenkriegsopfer), „Gijzelaar" (Geisel), „Joodse vrouw met kind" (jüdische Frau mit Kind), „Soldaat" (Soldat) und „Verzet" (Widerstand). Sie stellen somit verschiedene Aspekte der deutschen Besatzung der Niederlande dar. 1958 kaufte die Stadt Köln die Skulptur „Bomslachtoffer" (ein weiterer Guss befindet sich im Openluchtmuseum voor Beeldhouwkunst in Middelheim (Antwerpen), die fälschlicherweise auch als „Frau mit totem Kind", „Frau mit dem toten Kind" oder „Frau und Kind" bezeichnet wird. Am 22. Mai 1959 wurde sie auf dem Hansaplatz aufgestellt. Da die Skulptur nach der Idee des Künstlers an die „Bombenkriegsopfer" erinnert, wird der Zusammenhang zu dem Geschehen in dem Gefängnis und zu den Opfern der NS-Gewaltherrschaft nicht deutlich. Der Text der Steintafel am Boden lautet: „Hier ruhen sieben Opfer der Gestapo. Dieses Mal erinnere an Deutschlands schandvollste Zeit 1933–1945". Die Leichen wurden am 3. Juni 1945 hier beerdigt. Ursprünglich waren sie auf dem Gelände des Gefängnisses „Klingelpütz" vergraben (s.a. Nr. 16). Es ist damit eines der frühesten Denkmale der Stadt Köln, das an die Opfer der nationalsozialistischen Gewaltherrschaft erinnert.

Literatur: Frans-Halsmuseum Haarlem, 1967/68; Frans-Halsmuseum Haarlem, 1977; Fußbroich, 2000, S. 82; Gundermann, 2009, S. 7–40; Kolberg, 1988, S. 20f.; Matzerath, 2009, S. 143f., S. 519; Puvogel/Stankowski, 1996, S. 570; Stankowski, 1994, S. 307–321.

Quelle: Kunst- und Museumsbibliothek der Stadt Köln, Künstlerdossier Andriessen, Mari.

Nr. 13

Standort Hauptbahnhof
Art Denkmal zur Erinnerung an die Opfer der NS-Verfolgung

Am 28. Januar 2006 wurde am Kölner Hauptbahnhof eine Bahnschwelle mit vier eingelassenen Gedenkplatten als Mahnmal aufgestellt. Das Objekt stammt von dem Kölner Künstler Gunter Demnig (s. a. Nr. 24 und Nr. 40). Die Inschriften lauten: 1. Platte: „Viele Beamte, Angestellte und Arbeiter der Deutschen Reichsbahn waren in der Zeit des Nationalsozialismus an der Deportation von Millionen Menschen beteiligt." 2. Platte: „Die Deutsche Bahn AG hat die Reichsbahn übernommen, – weigert sich aber bis heute, in ihren Räumen und Bahnhöfen die Einbindung der Reichsbahn in die Verbrechen der Nazis öffentlich zu dokumentieren und zu bedauern." 3. Platte: „Im Gedenken an die Opfer von Deportation und nationalsozialistischer Vernichtung. Köln im Januar 2006." 4. Platte: „Nach genauen Zugfahrplänen wurden Frauen, Männer und Kinder aus Teilen Europas – meist in Güterwaggons gedrängt – in die Konzentrations- und Vernichtungslager abtransportiert."

Literatur: Neue Rheinische Zeitung, Online-Flyer Nr. 31 v. 14.2.2008 und Nr. 34 vom 7.3.2008.

Nr. 14

Standort Heumarkt, Auf dem Lichhof, St. Maria im Kapitol

Art II. WK-Denkmal und zur Erinnerung an die Opfer der NS-Verfolgung (?)

Im Auftrag der Stadt Köln schuf der Künstler Gerhard Marcks 1946 die Skulptur „Trauernde", die 1949 vor St. Maria im Kapitol auf dem Lichhof (Leichenhof, Friedhof) als Mahnmal für die Gefallenen und Toten des II. Weltkriegs aufgestellt wurde. Am Sockel befindet sich eine Plakette mit der Inschrift „Gerhard Marcks 1889–1981 Kölner Totenmal 1946–1949 im Auftrag der Stadt Köln, 1946–1949". Zu diesem Zeitpunkt war die Kirche noch eine Ruine, so dass Kirche und Mahnmal zusammen einen Gedenk-Raum bildeten, ähnlich dem heutigen in St. Alban. Nach dem Wiederaufbau der Kirche, wurde das Denkmal zunächst im Hof des Kreuzganges aufgestellt, bevor es 1987 wieder an den heutigen Standort zurückkehrte. Ursprünglich trug die Skulptur im Sockel die Inschrift „Den Toten". Ausweislich des Plakettentextes und der ursprünglichen Inschrift könnte sich das Mahnmal somit auch auf die Kölner Opfer der NS-Verfolgung beziehen.

Literatur: Fußbroich, 2000, S. 81; Kolberg, 1988, S. 129 ff.; Puvogel/Stankowski, 1996, S. 579; Reidemeister, 1950, S. 243–247.

Nr. 15

Standort Kartäusergasse 9
Art Denkmal zur Erinnerung an die Opfer der NS-Verfolgung

Die Gedenktafel aus Bronze ist von dem Künstler Rudolf Alfons Scholl geschaffen und am 31. Oktober 1982 eingeweiht worden. Sie ist dem „Roten Pfarrer" Kölns, Georg Fritze, gewidmet. Für die Gedenktafel wurde der mittlere der drei äußeren Strebepfeiler an der Kathäuserkirche verstärkt. Die rechten Winkel des Strebepfeilers wurden zwar abgemildert, aber nicht ganz aufgehoben, so dass die Tafel an beiden Seiten leicht abknickt. An den Seiten ist die Gedenktafel von den vier schmiedeeisernen Evangelistensymbolen umgeben. Georg Fritze wurde 1992 auch eine Figur am Turm des Kölner Historischen Rathauses von dem Künstler Joachim G. Droll von der evangelischen Kirche gestiftet, wie auch in Köln-Seeberg eine Straße, der „Georg-Fritze-Weg", nach ihm benannt ist. Vom Kirchenkreis Köln-Mitte wird seit 1981 jedes Jahr am 8. Mai die Pfarrer-Georg-Fritze Gedächtnisgabe (www.kirche-koeln.de/doc/fritze.pdf), an „Menschen und Gruppen, die sich für die Opfer von Diktatur und Gewalt einsetzen" vergeben.

Literatur: Matzerath, 2009, S. 453f.; Prolingheuer, 1981; Prolingheuer, 1989; Puvogel/Stankowski, 1996, S. 576.

Nr. 16

Standort Klingelpütz, Grünanlage Gereonswall
Art Denkmal zur Erinnerung an die Opfer der NS-Verfolgung

Am 1. September 1979 wurde an der Stelle des ehemaligen Gefängnisses Klingelpütz ein Gedenkstein mit einer von dem Kölner Künstler Hans-Karl Burgeff gestalteten Bronzetafel eingeweiht. Die Tafel ist in zwei Hälften unterteilt. Die eine stellt das Gitter eines Zellenfensters dar. Die andere enthält den Text: „Hier wurden 1933–1945 über tausend von der nationalsozialistischen Willkürjustiz unschuldig zum Tod Verurteilte hingerichtet."

Literatur: Matzerath, 2009, S. 143f., S. 519; Puvogel/Stankowski, 1996, S. 570; Würich, 2004, S. 63.

Nr. 17

Standort Krebsgasse/Schildergasse (ehemaliges Polizeipräsidium), Krebsgasse vor dem Gebäude Nr. 1–3

Art Denkmal zur Erinnerung an die Opfer der NS-Verfolgung

Die Inschriftentafel lautet: „Zur Erinnerung an die Toten und als Mahnung für die Lebenden. An dieser Stelle stand 1907–1945 das Polizeipräsidium, in den Jahren 1933–1935 auch Sitz der Geheimen Staatspolizei (Gestapo). Hier wurden zahlreiche Kölner Bürger wegen ihrer politischen Gesinnung durch die Gestapo misshandelt. Rat der Stadt Köln 1981". Die Tafel befindet sich im Boden, da der Hausbesitzer die Anbringung einer Tafel am Haus ablehnte.

Literatur: Puvogel/Stankowski, 1996, S. 572.

Nr. 18

Standort Lützowstraße, Berufsschule, Rektor-Kahn-Haus (Verbindungsstraße Moltkestraße/Lindenstraße, Nähe Rudolfplatz)

Art Denkmal zur Erinnerung an die Opfer der NS-Verfolgung

Der Rektor Emil Kahn wurde 1942 im Ghetto Lodz ermordet. Der Leiter des Kinderheims auf der anderen Straßenseite, Markus Plato, kam 1942 zusammen mit seiner Frau in Theresienstadt um. Das gleiche Schicksal erlitten die Kinder und Erzieher (weitere Initiativen des Ehepaars Corbach s. Nr. 33 und 55). Die Inschrift der beiden Tafeln lautet: „Rektor-Kahn-Haus. Israelitische Volksschule. In diesem Gebäude befand sich die Städtische Israelitische Volksschule Köln, Lützowstrasse, von 1917 bis zu ihrer Vertreibung durch die nationalsozialistische Gewaltherrschaft im Jahre 1938. Viele Lehrer und Schüler wurden mit ihren Familien später in den Osten verschleppt. Nur wenige überlebten. Israelitisches Kinderheim. Auf der gegenüberliegenden Strassenseite stand das Israelitische Kinderheim, Lützowstrasse 35/37. Das Heim wurde 1909 erbaut. 1941 mussten die Kinder mit ihren Betreuern das Haus verlassen. Viele der Kinder und Erzieher wurden 1942 in den Osten verschleppt und dort ermordet. Synagoge. Im Hof des Kinderheims, Lützowstrasse 35/37, befand sich eine Synagoge. Sie wurde 1919 gestiftet und stand bis 1941 zur Andacht offen."

Literatur: Corbach, 1990; Matzerath, 2009, S. 369 ff.; Puvogel/Stankowski, 1996, S. 575.

Quelle: „Sammlung Irene und Dieter Corbach" im NS-Dokumentationszentrum der Stadt Köln.

Nr. 19

Standort Minoritenstraße, Minoritenkirche
Art Denkmal zur Erinnerung an die Opfer der NS-Verfolgung

In der Minoritenkirche erinnert eine Gedenktafel im rechten Seitenschiff an den Generalpräses Theodor Hürth und Diözesanpräses Josef Cardaun, die 1944 durch einen Bombenangriff ums Leben kamen, und an Präeses Heinz (Heinrich) Richter und Geschäftsführer Theodor Babilon, die 1945 im KZ umkamen. Nach Richter wurde in Köln-Mülheim der „Präses-Richter-Platz“, nach Hürth in Köln-Deutz das Kolpinghaus, die „Theodor-Hürth-Straße“ und nach Babilon ebenfalls in Köln-Deutz die „Theodor-Babilon-Straße“ benannt (s. a. Nr. 36).
Die Inschrift auf der Tafel lautet: „Sie starben für uns. Generalpräses MSGR. Theodor Hürth 1944 durch Bombenangriff, Diözesanpräses Josef Cardaun 1944 durch Bombenangriff, Präses Heinz Richter 1945 im KZ, Geschäftsführer Theodor Babilon 1945 im KZ. Es gibt keine grössere Liebe, als wenn einer sein Leben für seine Freunde hingibt. Joh. 15.13.“

Literatur: Matzerath, 2009, S. 436ff., S. 447; Moll, 2006, Bd. 1, S. 289–294; Puvogel/Stankowski, 1996, S. 578.

Nr. 20

Standort Mozartstraße 28

Art Denkmal zur Erinnerung an die Opfer der NS-Verfolgung

Die Gedenktafel von 1981 erinnert an das so genannte Braune Haus, in dessen Kellerräumen SA und SS Kölner Bürger folterten. Die Inschrift lautet: „Zur Erinnerung an die Toten und als Mahnung für die Lebenden. An dieser Stelle befand sich 1933 und 1934 die Gauleitung der NSDAP im sogenannten Braunen Haus. Hier folterten SA und SS ihre politischen Opfer. Rat der Stadt Köln 1981."

Literatur: Matzerath, 2009, S. 35, S. 71, S. 106; Puvogel/Stankowski, 1996, S. 572; Würich, 2004, S. 16.

Nr. 21

Standort Neumarkt, Gesundheitsamt
Art Denkmal zur Erinnerung an die Opfer der NS-Verfolgung

Im Eingangsbereich des Gebäudes befindet sich seit 1997 eine Gedenktafel, die auf Initiative und Kosten von Mitarbeitern zurück geht. Die Inschrift lautet: „Die Häuser Neumarkt 15–19 und Neumarkt 21 gehörten seit 1909 der Firma Bing. Im Jahre 1939 wurden die jüdischen Besitzer nach der Reichspogromnacht gezwungen, diese Häuser weit unter Wert an die Stadt Köln zu verkaufen. Seit 1940 ist hier das Gesundheitsamt der Stadt Köln untergebracht.
Das Gesundheitsamt vollzog seit 1933 nationalsozialistische Rassengesetze. Auf Grund der Gutachten von Ärzten des Gesundheitsamtes wurden Frauen und Männer als „Erbkranke“ eingestuft. 4000 von ihnen wurden daraufhin gegen ihren Willen unfruchtbar gemacht. Hunderten von Menschen – als minderwertig beurteilt – wurde die gewünschte Ehe verboten.
Für uns eine Mahnung gegen Rassismus und Unmenschlichkeit.“

Literatur: Matzerath, 2009, S. 339 ff.; Stankowski, Stadtführer, 2004, S. 178 f.

Nr. 22

Standort Neusser Platz 18, St. Agnes
Art Denkmal zur Erinnerung an die Opfer der NS-Verfolgung

Die Krypta wurde als Gedenkstätte für drei Märtyrer der KAB (katholische Arbeiter-Bewegung) aus der NS-Zeit eingerichtet: Nikolaus Groß (des weiteren erinnern an ihn in Köln eine Gedenktafel (Nr. 123), die Nikolaus-Groß-Grundschule, ein Straßenname und dort ein „Stolperstein" vor der Hausnummer 6), Bernhard Letterhaus (s. a. Nr. 116) und Otto Müller. Die Gedenkstätte ist 1995 von dem Beuys-Schüler Antol Herzfeld errichtet worden. Eine Inschrift in der Krypta lautet: „Für die Opfer von Krieg und Gewaltherrschaft".

In der Kirche gibt es darüber hinaus die Reste einer so genannten Kriegergedächtniskapelle: nach dem I. Weltkrieg waren Marmortafeln geplant, die nach 1930 aufgehängt wurden (ein Entwurf vom Architekt der Kirche Carl Rüdell kam nicht zur Ausführung, ebenso wie geplante Ausmalungen). Diese Tafeln gingen im II. Weltkrieg verloren. 1950 wurde eine Gedenkinschrift für die Opfer beider Weltkriege angebracht, darunter waren drei NS-Opfer. 1972 wurde sie bei Renovierungen übermalt. Eine Inschrift in den Glasfenstern blieb erhalten: „Eine größere Liebe hat niemand als wer sein Leben hingibt für seine Freunde."

Literatur: Matzerath, 2009, S. 436ff., S. 447f.; Moll, 2006, Bd. 1, S. 165–169, 306–309, 282–285; Serup-Bilfeldt, 2004, S. 53–65; www.nikolaus-gross.de.

Nr. 23

Standort Offenbachplatz, Foyer Opernhaus, Bilder im Eingangsbereich
Art Denkmal zur Erinnerung an die Opfer der NS-Verfolgung

Im Eingangsbereich der Oper erinnern Fotos und Gemälde an die ehemalige Synagoge.

Literatur: Matzerath, 2009, S. 369ff.; Puvogel/Stankowski, 1996, S. 574.

Nr. 24

Standort Portalsgasse, Historisches Rathaus, vor dem Haupteingang, vor den Stufen

Art Denkmal zur Erinnerung an die Opfer der NS-Verfolgung, Stolperstein

„Auf Befehl des Reichsfuehrers-SS vom 16.12.1942 – TGB. Nr. 1 2652/42 AD/RF/V – sind Zigeunermischlinge, Rom-Zigeuner und nicht deutschbluetige Angehoerige zigeunerischer Sippen balkanischer Herkunft nach bestimmten Richtlinien auszuwaehlen und in einer Aktion von wenigen Wochen in ein Konzentrationslager einzuweisen. Dieser Personenkreis wird im Nachstehenden kurz als „Zigeunerische Personen" bezeichnet. Die Einweisung erfolgt ohne Ruecksicht auf den Mischlingsgrad familienweise in das Konzentrationslager – Zigeunerlager – Auschwitz." – so lautet die Inschrift auf einem Stein vor dem Historischen Rathaus, der als der erste STOLPERSTEIN des Kölner Künstlers Gunter Demnig (s.a. Nr. 13 und Nr. 40) bezeichnet werden kann. Er wurde am 16. Dezember 1992 verlegt. Ursprünglich wollte der Künstler mit dieser Verlegung der dauerhaften Fixierung der Schriftspur „– Mai 1940–1000 Roma und Sinti –" (s. Nr. 40) Nachdruck verleihen, deren Genehmigung sich hinzog (und auch erst 1993 verwirklicht werden konnte). Die Arbeiten an der Schriftspur brachten den Künstler auf die Idee des Projektes STOLPERSTEIN, die er 1993 zum ersten Mal publik machte und zur Illustrierung seiner Idee diesen Stein verwendete. Der Stein vor dem Rathaus kommt sowohl von der Form, den Schriftzeichen, den verwendeten Materialien und der ‚vorweggenommenen' Fixierung im Straßenpflaster her den späteren STOLPERSTEINEN bereits sehr nahe.

Literatur: Hesse/Purpus, Stolpersteine, 2009, S. 221–250; Homepage von Gunter Deming: www.stolpersteine.com; Matzerath, 2009, S. 353 ff.; Neue Gesellschaft für Bildende Kunst e.V., 2002; NS-Dokumentationszentrum der Stadt Köln, 2007; Puvogel/Stankowski, 1996, S. 572; Schulz, 2008, S. 33–37; Serup-Bilfeldt, 2004; Würich, 2004, S. 39.

Nr. 25

Standort Quatermarkt, in der Ruine St. Alban (zwischen Gürzenich und Wallraf-Richartz-Museum)

Art Gedenkanlage zum II. Weltkrieg

Die Kirchenruine St. Alban ist als Gedenk-Raum gestaltet. Er beinhaltet eine Gedenkanlage zum II. Weltkrieg, die aus zwei Objekten besteht. Das erste Objekt sind die „Trauernden Eltern“ von Käthe Kollwitz und das zweite, das später hinzugekommene „Kriegsgefangenmahnmal“ von Kurt-Wolf von Borries.

Ursprünglich wurden die Figuren „Trauernde Eltern“ von Käthe Kollwitz für den Soldatenfriedhof von Roggevelde bei Dixmuiden gestaltet, wo auch ihr in Belgien gefallener Sohn Peter begraben liegt. Heute stehen die Originalfiguren, nach Gräberumbettungen auf dem Friedhof Vladslo-Praetbosch in Flandern. Die Figuren in St. Alban sind Nachbildungen, die in den 1950er Jahren im Atelier von Ewald Mataré (s.a. Nr. 65) von Joseph Beuys (Vater) und Erwin Heerich (Mutter) in Muschelkalk gefertigt wurden, jedoch ca. 10 % größer als die Originalfiguren. In St. Alban sind die beiden Figuren einander zugewandt aufgestellt (seit Oktober 1955 zunächst provisorisch aufgestellt, 1957 wegen Restaurierungsmaßnahmen im Wallraf-Richartz-Museum un-

tergebracht, März 1959 zurück und am 21. Mai 1959 St. Alban als Gedenkstätte eingeweiht), während Kollwitz sie nebeneinander stehend geplant hatte, wie sie auch heute noch in Belgien aufgestellt sind.

Von der Straße aus gesehen rechts in St. Alban steht das von Kurt-Wolf von Borries (s. a. Nr. 57) gefertigte Mahnmal (1956), das leicht übersehen wird. Dieses „Kriegsgefangenenmahnmal" ist ein schmiedeeisernes „künstlerisch stilisiertes Gefängnisgitter" (Kölnische Rundschau vom 26.8.1988) mit der Inschrift „Noch warten Kriegsgefangene auf Ihre Heimkehr". Es stand ursprünglich neben dem Dom und wurde erst später in St. Alban aufgestellt.

Über Jahre war diese Gedenkanlage die „Zentrale Gedenkstätte der Bundesrepublik Deutschland für die Toten der Weltkriege".

Literatur: Fischer, 1999; Kolberg, 1988, S. 44 (zu Borries); Matzerath, 2009, S. 474 ff.; von Borries, 1979.

Quellen: Nachlass Kurt-Wolf von Borries im Deutschen Kunstarchiv, Nürnberg.

Nr. 26

Standort Reischplatz 6, ehemalige Synagoge
Art Denkmal zur Erinnerung an die Opfer der NS-Verfolgung

1984 wurde an dem ehemaligen Standort der Synagoge eine Gedenktafel mit folgendem Text eingeweiht: „Im Jahre 1915 wurde anlässlich des Brückenbaues die nach dem großen Eisgang des Jahres 1786 an der Freiheit wieder aufgebaute Deutzer Synagoge an diese Stelle verlegt.
Am 9. 11. 1938 wurde die Synagoge ebenso wie die mit ihr verbundene Religionsschule zerstört."

Literatur: Matzerath, 2009, S. 369 ff.; Puvogel/Stankowski, 1996, S. 576.

Nr. 27

Standort Rheinufer (kurz vor der Hohenzollernbrücke)
Art Denkmal zur Erinnerung an die Opfer der NS-Verfolgung

Am 24. Juni 1995 wurde dieses Mahnmal für die Homosexuellen, die im Nationalsozialismus verfolgt wurden, eingeweiht. Es ist bundesweit das zweite Denkmal (das erste steht seit dem 11. Dezember 1994 in Frankfurt am Main). Geschaffen wurde es von Achim Zinkann. Auf der dreieckigen rosafarbenen Marmorplatte, die für den Winkel für Homosexuelle in den Konzentrationslagern steht, ist der Text zu lesen: „Totgeschlagen – Totgeschwiegen. Den schwulen und lesbische Opfern des Nationalsozialismus“. Das Denkmal greift mit dem Winkel die Kennzeichnung der Homosexuellen in den Konzentrationslagern auf. Auch der Aufstellungsort weist einen Zusammenhang zur Thematik auf: Die Hohenzollernbrücke war ein beliebter Treffpunkt für homosexuelle Männer; in der Nähe stand ein als Treffpunkt genutztes Pissoir, das im II. Weltkrieg zerstört wurde.

Literatur: Matzerath, 2009, S. 364 ff.

Nr. 28

Standort Richmodstraße 2–6
Art Denkmal zur Erinnerung an die Opfer der NS-Verfolgung

Die Gedenktafel auf dem Fußgängerweg erinnert an Max Bodenheimer, einen Vordenker eines jüdischen Nationalstaates. Der Jurist, der in Köln eine Anwaltskanzlei unterhielt, musste 1933 emigrieren – zunächst nach Amsterdam – und starb 1940 in Jerusalem. Die Tafel ist zweisprachig, deutsch und englisch. Der deutsche Text lautet: „Dr. Max Bodenheimer hat von diesem Haus aus ab 1899 die Organisation für den Judenstaat Israel aufgebaut. Und ein Ruf erging an mich von der Höhe des Himmels und schrie mir in die Ohren: Rette dein Volk, dass es nicht sterbe! Vision 1891."

Literatur: Matzerath, 2009, S. 369 ff., S. 372.

Nr. 29

Standort Riehler Straße 23
Art Denkmal zur Erinnerung an die Opfer der NS-Verfolgung

Die Gedenktafel an dem Haus Nr. 23 erinnert an Hilde Domin. Die Inschrift lautet: „Hilde Domin Dichterin Geboren am 27. Juli 1909 Lebte bis zum Exil 1932 In diesem Haus."

Literatur: Matzerath, 2009, S. 313 ff., S. 315.

Nr. 30

Standort Rolshover Kirchweg
Art Kriegsgräberfeld I. und II. WK

Auf diesem Friedhof befindet sich eines der größten Kriegsgräberfelder zum II. Weltkrieg mit über 400 beerdigten Personen, darunter auch sehr viele Zivilisten. Eine Besonderheit stellen die Grabsteine der Kriegsgräber zum I. Weltkrieg dar, da sie von der üblichen Form des stilisierten Eisernen Kreuzes abweichen und stattdessen unterschiedliche Medaillonformen zeigen.

Literatur: Matzerath, 2009, S. 474 ff.

Nr. 31

Standort Roonstraße 50, Synagoge
Art Denkmal zur Erinnerung an die Opfer der NS-Verfolgung

Im Obergeschoss der wieder aufgebauten Synagoge befindet sich die Gedenkhalle. Rechts vom Treppenaufgang sind in den beiden Rundbögen folgende Inschriften zu lesen: „Der Du diese Halle betrittst – verweile in stillem Gedenken an die über sechsmillionen unschuldig gemordeten Schwestern und Brüder". In dem zweiten Bogen steht der gleiche Text auf Hebräisch. Dieser Wand gegenüber befinden sich ebenfalls zwei Rundbögen mit der folgenden Inschrift, wieder einmal in Deutsch und einmal in Hebräisch: „Zum Gedenken an die elftausend jüdischen Opfer, Männer, Frauen und Kinder der Gemeinde Köln. Sie starben für ihren Glauben in dunkler Zeit. 1933 1945". Die Außenwand zwischen diesen beiden Wänden zeigt in zwei Rundbögen Glasfenster, deren Entwürfe von Ber Warzager stammen und deren Ausführung Franz Melchior übernahm. Die Glasfenster zeigen expressionistisch fragmentierte Silhouetten, die als menschliche Gestalten interpretiert werden könnten und somit die Gedenkhalle in ihrer Aussage unterstützen.

Literatur: Matzerath, 2009, S. 369 ff.; Puvogel/Stankowski, 1996, S. 575.

Nr. 32

Standort St.-Apern-Straße/Helenenstraße, ehemalige Synagoge
Art Denkmal zur Erinnerung an die Opfer der NS-Verfolgung

Die Gedenktafel erinnert an die 1938 im Innern zerstörte ehemalige Synagoge in der St.-Apern-Straße. Der Text auf der Tafel lautet: „Hier stand seit 1884 die Synagoge der orthodoxen Synagogengemeinde Adass Jeschurun Gemeinde der Gerechten. Verbunden damit waren ein Lehrerseminar. Ab 1907 die Volksschule Morija und seit 1919 das Gymnasium Jawne. Das Innere der Synagoge wurde am 10. November 1938 zerstört. Das Gebäude fiel einem Bombenangriff im 2. Weltkrieg zum Opfer."

Literatur: Matzerath, 2009, S. 369 ff.; Puvogel/Stankowski, 1996, S. 574.

Nr. 33

Standort St.-Apern-Straße, Erich-Klibansky-Platz
Art Denkmal zur Erinnerung an die Opfer der NS-Verfolgung

Der 1997 aufgestellte „Kinderbrunnen“ oder Löwenbrunnen auf dem Erich-Klibansky-Platz erinnert an über 1 100 ermordete jüdische Kinder. Mahnmal, Straßenname und Ausstellung verknüpfen sich zu einem Gedenk-Raum, den „Lern- und Gedenkort Jawne“. Die Namen der ermordeten Kinder sind auf am Brunnenbecken montierten Bronzetafeln verzeichnet. Die Tafel auf dem Beckenrand des Brunnens hat folgende Inschrift: „Der Löwe von Juda des Bildhauers und Jawne-Schülers Hermann Gurfinkel steht am Ort eines Zentrums jüdischen Lehrens und Lernens von 1884 bis 1942; dazu gehörten: die Synagoge der Gemeinde Adass-Jeschurun und im Gebäude des Lehrerseminars die Volksschule Mariajah, das Gymnasium Jawne mit Realschule und Lyzeum, ab 1939 die Volksschule Lützowstraße. Hier mussten die Kinder der Heime Lützowstraße und Abraham-Frank-Haus mit Familien aus Köln und Umgebung auf ihre Deportation warten. Wir gedenken der über 1100 jüdischen Kinder, die zwischen 1938 und 1945 durch die nationalsozialistische Gewaltherrschaft von Köln aus in den Tod getrieben wurden. Liebe deinen Nächsten – er ist wie du! (3. Mose 19, Vers 18)".

Gurfinkel gehört zu den über 130 Schülern, denen Erich Klibansky, der Direktor des Jawne-Gymnasiums (St.-Apern-Straße 29–31), die Flucht nach Großbritannien ermöglichte. Klibansky wurde bei Minsk am 24. Juli 1942 ermordet. Seit 2008 erinnert an ihn und seine Frau in Minsk ein Gedenkstein. Der Brunnen wird von einem bronzenen Löwen bekrönt, dem Löwen von Juda (1. Mos. 49,9). Nach Unterlagen des Ehepaars Corbach (s. a. Nr. 18 und Nr. 55) symbolisiert der Sockel, auf dem der Löwe steht den zwölffachen Grund der zwölf Stämme und die Erdkugel die universale Bedeutung des Judentums. Mit seiner rechten Vorderpranke hält der Löwe die mit hebräischen Zeichen beschriebenen Gesetzestafeln, während er seine Linke klagend zum Himmel erhoben hat. Was auch die Haltung seines Kopfes – zum Himmel hochgereckt – unterstreicht, das Maul zu einem Klageruf geöffnet.

Literatur: Corbach, 1990; Matzerath, 2009, S. 369 ff., S. 391 f.; Würich, 2004, S. 44; www.jawne.de.

Nr. 34

Standort Schildergasse, Antoniterkirche
Art Gedenkanlage I. und II. WK-Denkmal (nach 1918) und Denkmal zur Erinnerung an die Opfer der NS-Verfolgung

Bei dieser Anlage in der Antoniter Citykirche in der Kölner Innenstadt handelt es sich um zwei Gedenkobjekte. Zunächst um den „Todesengel" von Ernst Barlach. Ursprünglich 1927 geschaffen für den Dom in Güstrow, wurde die Skulptur dort 1937 entfernt und 1941 eingeschmolzen. Ein Zweitguss nach einem Gipsmodell hängt seit 1952 in der Kölner Kirche. Unter der Skulptur liegt eine Platte mit den Jahreszahlen 1914–1918 und 1939–1945. Die Skulptur, geschaffen als Denkmal zum I. Weltkrieg, wurde somit weitergewidmet auf den II. Weltkrieg.
1995 wurde dieses erste Denkmal erweitert um die Holocaust-Stele von Dieter Boers. Ursprünglich aus Holz, Tuch, Leder und Farbe geschaffen für eine Einzelausstellung seiner Werke in der Kirche, wurde sie nach einem Beschluss des Presbyteriums der Evangelischen Gemeinde vom 27. Januar 1995 in eine Plastik aus dauerhaftem Material umgeformt. Die Stele erinnert an die Ermordung der Juden im Nationalsozialismus.

Literatur: Fußbroich, 2000, S. 59; Pick, undatiert; Pick, 1995, S. 6–9; Probst, 1998 (darin auch zu Boers, S. 109 f.); Puvogel/Stankowski, 1996, S. 579.

Nr. 35

Standort Theo-Burauen-Platz, Rathaus (Spanischer Bau), 1. OG, Tafel links neben der Eingangstür zum Theo-Burauen-Saal
Art Denkmal zur Erinnerung an die Opfer der NS-Verfolgung

Die Tafel hängt im Spanischen Bau (Kölner Rathaus), in der ersten Etage, links vom Eingang zum Ratssaal (Theo-Burauen-Saal). Die Gedenktafel erinnert an die Kölner Stadtverordneten, die Opfer der nationalsozialistischen Diktatur wurden. Der Text lautet:

„Sie starben für ihre Überzeugung
Kölner Stadtverordnete als Opfer
der nationalsozialistischen Diktatur

Heinrich Arenz (KPD) 1901–1943 • Peter Baum (SPD) 1883–1944 • Georg Beyer (SPD) 1884–1943 • Ernst Hirsch (USPD) 1877– deportiert. 1945 für tot erklärt • Johann Mattlener (KPD) 1894–1945 • Dr. Otto Müller (ZENTRUM) 1870–1944 • Robert Ransenberg (SPD) 1876– deportiert. 1945 für tot erklärt • Rudolf Safarowski (KPD) 1903–1943 • Karl Sattler (KPD) 1896–1945 • Johann Thomer (KPD) 1889–1945 • Peter Trimborn (SPD) 1881–1941 •“.

Literatur: Matzerath, 2009, S. 436ff., S. 447, S. 457ff., S. 461, S. 462ff.; Puvogel/Stankowski, 1996, S. 573.

Nr. 36

Standort Theodor-Hürth-Straße 2–4, Deutzer Kolpinghaus

Art Denkmal zur Erinnerung an die Opfer der NS-Verfolgung

Im Deutzer Kolpinghaus hängt neben dem Eingang zur Kapelle eine Theodor Babilon gewidmete Gedenktafel. Sie zeigt sein Antlitz im Relief mit seinem Namen darunter. Der Text lautet: „Theodor Babilon, Geschäftsführer des Kolpinghauses Köln, Mitglied der Kolpingsfamilie Köln-Deutz St. Heribert, geb. 1899 in Köln – gest. 1945 im Konzentrationslager in Ohrdruf." (s. a. Nr. 19, ebenso zu Theodor Hürth). Nach Theodor Babilon ist ebenfalls eine Straße in Köln benannt.

Literatur: Matzerath, 2009, S. 436ff., S. 447; Moll, 2006, Bd. 1, S. 289–294; Puvogel/Stankowski, 1996, S. 578.

Nr. 37

Standort Ursulaplatz 24, St. Ursula
Art Denkmal zur Erinnerung an die Opfer der NS-Verfolgung, Märtyrer des 20. Jahrhunderts

Ein offener, in das Seitenschiff hinein gebauter Raum stellt eine Kapelle dar, die sowohl an Opfer der NS-Verfolgung als auch Märtyrer des 20. Jahrhunderts erinnert. Zu den Opfern der NS-Verfolgung gehören z. B. Dr. Otto Müller, Priester des Erzbistums Köln (zu Otto Müller s. a. Nr. 22, Nr. 35 und Prälat-Otto-Müller-Platz), Heinrich Körner, Landesgeschäftsführer der Christlichen Gewerkschaften, Heinrich Ruster, Schriftsteller, im KZ Sachsenhausen umgekommen, und Nikolaus Groß, Hauptschriftleiter der Westdeutschen Arbeiterzeitung (zu Nikolaus Groß s. a. Nr. 22, Nr. 123, Nikolaus-Groß-Schule und Nikolaus-Groß-Straße mit Stolperstein).

Literatur: Matzerath, 2009, S. 436 ff., S. 447 f.

Nr. 38

Standort Vor den Siebenburgen 6, Krypta der Kölner Karmelitinnenkirche (Karmel)

Art Denkmal zur Erinnerung an die Opfer der NS-Verfolgung

In der Krypta der Kölner Karmelitinnenkirche ist 1957 an der Wand rechts vom Altar eine schlichte Gedenktafel für Edith Stein angebracht worden, mit der folgenden Inschrift: „Sr. Teresia Benedicta a Cruce. Dr. phil. Edith Stein, geboren 12.10.1891 in Breslau. Getauft 1.1.1922. In den Karmel eingetreten 14.10.1933. Nach Auschwitz deportiert 2.8.1942. Dort getötet 9.8.1942. Sie starb als Märtyrin für ihr Volk und ihren Glauben.“ Ihr leeres Grab ist mit dem Grabstein, etwas abgesetzt von den tatsächlichen Gräbern in der Krypta, bezeichnet, der folgenden Text trägt: „Schw. Teresia Benedicta vom Kreuz Edith Stein *12.10.1891, Prof 21.4.1935, † 9.8.1942, Seliggespr. 1.5.1987, Heiliggespr. 11.10.1998“. In der Karmelitinnenkirche steht in der Nähe des Gemäldes von Edith Stein eine Skulpturengruppe, die an das Vernichtungslager Auschwitz-Birkenau erinnert.
In Köln gibt es an mehreren weiteren Stellen Mahnmale für Edith Stein (s. a. Nr. 5, Nr. 58, Nr. 60 und Nr. 71), wie auch eine „Edith-Stein-Straße“.

Literatur: Moll, 2006, Bd. 2, S. 894–899; Puvogel/Stankowski, 1996, S. 577.

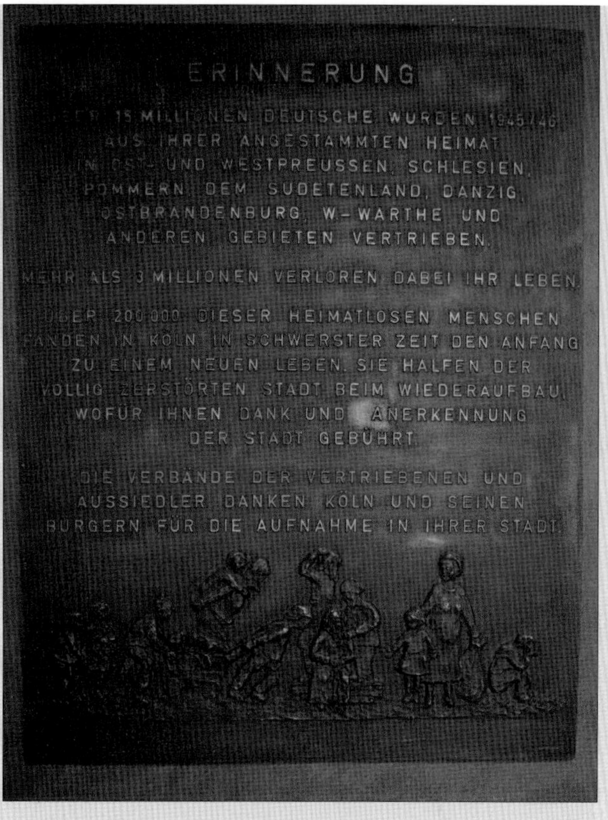

Nr. 39

Standort Willy-Brandt-Platz, Stadthaus
Art Vertriebenen-Denkmal

Im Eingangsbereich des neuen Rathauses in Deutz hängt eine Gedenktafel, die an die Flucht und Vertreibung erinnert. Das Relief zeigt die sehr häufig zu findende Ikonografie zum Thema: Bollerwagen, Frau mit Kindern, alte Frau und alter Mann, kauernde Menschen. Der Text der Tafel lautet: „Erinnerung. Über 15 Millionen Deutsche wurden 1945/46 aus ihrer angestammten Heimat in Ost- und Westpreussen, Schlesien, Pommern, dem Sudetenland, Danzig, Ostbrandenburg, W.-Warthe und anderen Gebieten vertrieben. Mehr als 3 Millionen verloren dabei ihr Leben. Über 200 000 dieser heimatlosen Menschen fanden in Köln in schwerster Zeit den Anfang zu einem neuen Leben. Sie halfen der völlig zerstörten Stadt beim Wiederaufbau, wofür ihnen Dank und Anerkennung der Stadt gebührt. Die Verbände der Vertriebenen und Aussiedler danken Köln und seinen Bürgern für die Aufnahme in ihrer Stadt."

Nr. 40

Standort Zeughausstraße 1–3, Kölnisches Stadtmuseum
Art Denkmal zur Erinnerung an die Opfer der NS-Verfolgung

Am 6. Mai 1990 begann der Kölner Künstler Gunter Demnig, eine Schriftspur aus schwerlöslicher Außenbinderfarbe auf das Straßenpflaster mehrerer Kölner Stadtteile aufzutragen. Der Ausgangspunkt der Spur war ein Fußballplatz am Kölner Stadtrand und sie endet schließlich in Deutz am Bahnhof. Mit dieser Spur hatte Demnig den Deportationsweg vom Mai 1940 von 1 000 Kölner Roma und Sinti durch Köln gekennzeichnet. Der Bahnhof Deutz war der Ausgangspunkt der Deportationen der Roma und Sinti nach Polen. Der Schriftzug lautet: „– Mai 1940–1000 Roma und Sinti –". 1993 beschloss der Rat der Stadt Köln, an 21 Stellen „den Leidensweg der Roma und Sinti" dauerhaft zu sichern. Am 8. Juni 1993 begann Demnig vor dem kölnischen Stadtmuseum mit der Verlegung der ersten Messingplatten. Diese Schriftspur war der Anfang weiterer thematisch mit dem Gedenken an die Opfer der NS-Verfolgung verknüpfter Aktionen Gunter Demnigs, worunter das Projekt STOLPERSTEINE das Bekannteste ist (s. Nr. 13 und Nr. 24).
Eine Gedenktafel an der Venloer Straße in Höhe der Bahnunterführung in der Nähe der Mathias-Brüggen-Straße erinnert seit dem 29. Januar 2001 an das Zwangslager auf dem Schwarz-Weiß-Platz. Sie markiert den Ausgangspunkt des „Spur"-Projektes. Der Text auf der Tafel lautet: „In unmittelbarer Nähe dieser Unterführung, neben dem ehemaligen Sportplatz Schwarz-Weiß Köln, wurde 1935 von der Stadt das bewachte „Zigeunerlager" eingerichtet, in das die in Köln lebenden Sinti und Roma eingewiesen wurden. Hier wurden sie von der übrigen Bevölkerung abgesondert, nach rassistischen Kriterien erfasst und zu Zwangsarbeit gepresst. Von hier aus wurden sie im Mai 1940 über den Bahnhof Deutz-Tief in Ghettos und Vernichtungslager im besetzten Polen verschleppt. Nur wenige kamen zurück."

Literatur: Hesse/Purpus, Stolpersteine, 2009, S. 221–250; Matzerath, 2009, S. 353 ff.; Puvogel/Stankowski, 1996, S. 571; Rom e.V., 1996; Würich, 2004, S. 39; www.museenkoeln.de/ausstellungen/nsd_0710_spur/fs.html.

Rodenkirchen
(Stadtbezirk 2)

Nr. 41

Standort Brühler Straße 300

Art Denkmal zur Erinnerung an die Opfer der NS-Verfolgung

Diese Gedenktafel (eine Informationstafel hängt links davon) erinnert an Friedrich Olbricht, der an dem Hitler-Attentat vom 20. Juli 1944 (Operation Walküre) beteiligt war und hingerichtet wurde. Die Inschrift auf der Tafel lautet: „Zum Gedenken an Friedrich Olbricht, General der Infanterie, Chef des Allgemeinen Heeresamtes 15. Februar 1940–20. Juli 1944. Er starb für Deutschland am 20. Juli 1944“. Es befindet sich des Weiteren ein so genannter General-Friedrich-Olbricht-Raum auf dem Gelände.

Literatur: Puvogel/Stankowski, 1996, S. 579.

Nr. 42

Standort Frankstraße, Friedhof
Art I. und II. WK-Denkmal (nach 1945)

Der ursprüngliche Standort des Denkmals war bis in die 1960er Jahre die Hauptstraße/Ringstraße. Heute befindet es sich auf dem Friedhof. Die Inschrift lautet: „Den Toten zum Gedenken. Den Lebenden zur Mahnung 1914–1918. 1939–1945".

Nr. 43

Standort Südfriedhof, Haupteingang Kendenicher Straße/Höninger Weg, Commonwealth–Gräberfeld

Art Kriegsgräberfeld I. und II. Weltkrieg

Auf diesem Friedhof befinden sich über 2 600 Gräber von Angehörigen der Commonwealth-Staaten. 2 500 von ihnen starben, vornehmlich als Kriegsgefangene, im I. Weltkrieg.

Nr. 44

Standort Haupteingang Kendenicher Straße/Höninger Weg, Südfriedhof
Art Kriegsgräberfeld II. WK

Der Südfriedhof ist der größte Kriegsgräberfriedhof Kölns. Über 7 600 Gräber von deutschen Kriegstoten sind hier zu finden. Die Anlage ist auf dem Friedhof mit der für die großen Kölner Friedhöfe typischen Wegweisung zu finden. Hier jedoch auch mit der irreführenden Variante „Gräber der Opfer von Krieg und Gewaltherrschaft 1914–1918".

Literatur: Matzerath, 2009, S. 477 ff.

Nr. 45

Standort Kölnstraße, Friedhof

Art Gedenkanlage Kriegsgräberfeld II. WK und I. und II. WK-Denkmal (nach 1945)

Die Inschrift der Gedenktafel am Fuße des Hochkreuzes lautet: „Wir wollen den Frieden, wir gedenken aller Opfer der Kriege. Infanterie-Grenadier-Regiment 84 Gleiwitz, Cosel, Leobschütz, Oberschlesien 1939 Sürth“. Dieses Regiment leitete am 1. September 1939 den Überfall auf Polen von Gleiwitz aus mit ein. Für kurze Zeit waren 1939 Angehörige dieses Regimentes im Raum Köln, vermutlich auch in Sürth, einquartiert.

Nr. 46

Standort Mehlemer Straße 27, Martin-Luther-Haus
Art Denkmal zur Erinnerung an die Rolle der Kirche in der NS-Zeit

Im Eingangsbereich des Martin-Luther-Hauses in der Mehlemer Straße 27 befinden sich zwei Reliefs. Eine Informationstafel, die im Mai 2005 angebracht wurde (sie ergänzt eine Tafel im Innern vom November 1984, die aber von den Besuchern des Hauses kaum wahrgenommen wurde), besagt: „Das Portal des Martin-Luther-Hauses. Das Martin-Luther-Haus wurde 1933/34 errichtet. In dieser Zeit wechselte die Gemeindeleitung in die Hand der nationalsozialistisch

geprägten Deutschen Christen. Deren enge Verbindung von Christentum und nationalsozialistischer Ideologie wurde durch die gleichberechtigte Darstellung Martin Luthers und eines SA-Mannes symbolisiert. Der SA-Mann wurde 1945 abgeschlagen. Die Umrisse blieben erhalten. Sie wurden 1984 als Mahnmal mit einem kritisch deutenden alttestamentarischen Spruch versehen. Damit erinnert die Gemeinde an das Versagen und die Schuld der Gemeinde und großer Teile der evangelischen Kirche. Die Bekennende Kirche erklärte schon im Mai 1934: ‚Wir verwerfen die falsche Lehre, als könne und müsse die Kirche als Quelle ihrer Verkündigung außer und neben diesem einen Wort Gottes auch noch andere Ereignisse und Mächte, Gestalten und Wahrheiten als Gottes Offenbarung anerkennen.‘ (Barmer Erklärung, These 1) Daraus folgt auch für uns heute, dass die Kirche kritisch gegenüber jedem Zeitgeist zu sein hat und ihr Glaubenszeugnis immer wieder neu am Evangelium von Jesus Christus prüfen muss.“
Die Reliefs stammten von dem Kölner Künstler Willy Meller, der zu den gefragtesten Bildhauern in der NS-Zeit gehörte. Nach 1945 schuf er in Köln ein Mahnmal, das an den II. Weltkrieg erinnert und sich heute in Rodenkirchen befindet (s. a. Nr. 48).

Literatur: Eckstein, 1998; Endlich/Geyler-von Bernus/Rossié, 2008, S. 81; Hesse/Purpus, Wilhelm (Willy) Meller, 2009, S. 187–206; Matzerath, 2009, S. 231, S. 448 ff., S. 450; Seiger, 2005, S. 54–82, S. 134–137.

Quellen: Kunst- und Museumsbibliothek der Stadt Köln, Künstlerdossier Meller, Willy.

Nr. 47

Standort Pastoratsstraße/Rondorfer Hauptstraße, vor der ehemaligen katholischen Kirche St. Marien (heute Architekturbüro)

Art I. und II. WK-Denkmal (nach 1945)

Dieses Denkmal ersetzt eines zum I. Weltkrieg, das nach der Erweiterung der Kapellenstraße entfernt wurde. Auf der Gedenktafel steht: „Unseren Gefallenen, Verstorbenen und Vermissten der Weltkriege. 1914–1918. 1939–1945. Ihr gabt euer Leben für uns dahin. Wir danken euch und vergessen euch nie."

Literatur: Weiler, o. J., S. 73.

Nr. 48

Standort Friedhof Sürther Straße
Art II. WK-Denkmal

Vom Haupteingang des Friedhofs kommend, rechts an der Trauerhalle vorbei, dem Hauptweg folgend, auf einer gepflasterten Fläche neben dem Weg befindet sich ein außergewöhnliches Denkmal. Es heißt „Die Opfer" und stammt von dem Kölner Künstler Willy Meller (s.a. Nr. 46; zu einer völlig anderen Konzeption eines Skulpturenensembles s. Angaben zu Nr. 12). Er äußerte sich über das Denkmal: „Ich habe etwa 12 Jahre daran gearbeitet. Ich wollte die Opfer darstellen. Wer waren die Opfer? In den früheren Kriegen war es der Soldat. Diesmal hatte der Tod überall hingegriffen. Mit dem Luftkrieg kam die Front ins Land. Politischer Irrsinn mordete. Millionen kamen auf der Flucht um und Millionen verkamen in der Gefangenschaft. Ich musste versuchen, in nicht allzu vielen Figuren möglichst alle Opfer zu erfassen. So kam ich auf die fünf Typen: Der Soldat, die Mutter mit dem Kind, den Jungen mit der Trommel, den Gefangenen und den Verhungerten." Ein vergrößerter Abguss befindet sich in Frechen-Stadt, auf dem Friedhof St. Audomar. Der Rodenkirchener Abguss ist der ursprüngliche, erste Guss aus Zement. Lange Jahre lag dieser Abguss im Garten des Privathauses von Willy Meller. Ein erster Schenkungsversuch scheiterte: „Es bot sich anscheinend eine Gelegenheit in einer zerstörten alten Kapelle in Weiß, nicht weit von meinem Ate-

lier. Ich machte dazu Vorschläge und der Pastor von Weiß bemühte sich darum bei den zuständigen Behörden die Genehmigung und die erforderlichen Mittel zu bekommen. Die Figuren wollte ich schenken. Doch es vergingen Jahre, ohne dass sich irgendeine der zuständigen Stellen für die Sache interessierte." Erst nach seinem Tod 1974 wurde die Skulpturengruppe hier auf dem Sürther Friedhof aufgestellt. Sowohl die Gesamtaussage des Denkmals – sind in dem Denkmal auch Opfer der NS-Verfolgung dargestellt oder beschränkt es sich auf die Darstellung „deutscher" Opfer? – als auch die Person des Künstlers selber – er war einer der meistbeschäftigten Bildhauer der NS-Zeit – machen eine kritische Auseinandersetzung notwendig.

Literatur: Eckstein, 1998; Hesse/Purpus, Wilhelm (Willy) Meller, 2009, S. 187–206; Matzerath, 2009, S. 231, S. 450; Professor Willy Meller, 1962.

Nr. 49

Standort Weißer Hauptstraße, Friedhof
Art I. und II. WK-Denkmal (nach 1918)

Vermutlich handelt es sich bei diesem Denkmal um eines, das nach dem I. Weltkrieg errichtet und nach 1945 auf den II. Weltkrieg gewidmet, wobei die Widmung auf den I. Weltkrieg fallengelassen wurde. Die Inschrift auf dem Denkmal lautet: „Gedenket der Opfer des Weltkrieges". Die Gedenktafeln zum I. Weltkrieg fehlen, obwohl Vertiefungen noch erkennbar sind. Die Namenstafeln zum II. Weltkrieg hängen auf der Rückseite und sind nur aufgesetzt und nicht eingelassen.

Lindenthal
(Stadtbezirk 3)

Nr. 50

Standort Aachener Straße (zwischen Oskar-Jäger-Straße und Piusstraße), Friedhof Melaten

Art Kriegsgräberfeld II. Weltkrieg

Auf dem Friedhof Melaten befindet sich eines der größten Kriegsgräberfelder des II. Weltkriegs. Über 750 Menschen sollen hier beerdigt sein. Die Ausschilderung mit der Inschrift „Gräber der Opfer von Krieg und Gewaltherrschaft" verleitet jedoch zu der irrigen Annahme, dass sich auf dem Gräberfeld auch Opfer der NS-Verfolgung befinden.

Literatur: Matzerath, 2009, S. 474 ff.

Nr. 51

Standort Aachener Straße (zwischen Oskar-Jäger-Straße und Piusstraße), Friedhof Melaten

Art Denkmal zur Erinnerung an die Opfer der NS-Verfolgung

Privatgrab Fritz Keller, Grab, Flur 95, Grab 119/120. Der Anfang der Inschrift lautet: „Es starb für seinen Hl. Glauben…“ Eine Ausschilderung zu diesem Grab existiert nicht. Der katholische Priester Fritz Keller starb am 15. Mai 1943 an den Folgen von Malariaexperimenten in dem KZ Dachau. Er war wegen „Wehrkraftzersetzung“ verhaftet worden. In Düren und Stolberg sind Straßen nach ihm benannt. Eine Gedenktafel hängt in der St. Sebastianuskirche in Stolberg.

Literatur: Moll, 2006, Bd. 1, S. 16–18; Puvogel/Stankowski, 1996, S. 580.

Nr. 52

Standort Aachener Straße 445, Dreifaltigkeitskrankenhaus, im Garten
Art II. WK-Denkmal

Im Garten des Krankenhauses befindet sich eine Gedenkplatte, die an den Tod von sieben Schwestern beim Bombenangriff vom 30.–31. Oktober 1944 erinnert.

Nr. 53

Standort Aachener Straße 458, evangelische Clarenbachkirche
Art Denkmal zur Erinnerung an die Opfer der NS-Verfolgung

Die Glasfenster („Blutzeugenfenster“) der Kirche wurden 1977 von Professor Hans Gottfried von Stockhausen geschaffen. Sie erinnern an verschiedene Märtyrer. Das 5. und letzte Glasfenster in der Kirche erinnert an den Pastor Paul Schneider. Er starb am 18. Juli 1939 im KZ Buchenwald in Folge der Misshandlungen. So soll er wiederholt an einem Fensterbalken aufgehängt worden sein.

Literatur: Moll, 2006, Bd. 1, S. 293; von Stockhausen, 1987.

Nr. 54

Standort Aachener Straße, gegenüber KVB-Haltestelle, Melaten-Friedhof
Art II. WK-Denkmal

Am Chor der Kapelle St. Maria Magdalena auf den Friedhof Melaten steht ein Kreuz, vor dem eine Platte liegt, die auf den Tod mehrerer Menschen bei einem Bombenangriff hinweist.

Literatur: Purpus/Sellen, 2006, S. 92ff., S. 118.

Nr. 55

Standort Aachener Straße 443

Art Denkmal zur Erinnerung an die Opfer der NS-Verfolgung

Die Gedenktafel am Haus wurde am 29. Juni 1987 eingeweiht. Sie geht auf das Ehepaar Corbach zurück (s.a. Nr. 18 und Nr. 33). Das Haus wurde von Therese Wallach geleitet (s. Nr. 59). Die Inschrift auf der Gedenktafel lautet: „In diesem Gebäude befand sich seit 1910 die Israelitische Waisenstiftung (Abraham-Frank-Haus). Unvergessen ist Therese Wallach, die das Heim von 1925 bis zu ihrem Tode 1942 leitete. Die Kinder wurden 1941 mit ihren Betreuern aus diesem Hause vertrieben. Viele Kinder und Erzieher wurden 1942 in den Osten verschleppt und dort ermordet."

Literatur: Matzerath, 2009, S. 369ff.; Puvogel/Stankowski, 1996, S. 579.

Quellen: „Sammlung Irene und Dieter Corbach" im NS-Dokumentationszentrum der Stadt Köln.

Nr. 56

Standort Am Heidstamm
Art Kriegsgräberfeld II. Weltkrieg

Auf diesem „Kriegsgräberfeld“ (es handelt sich sowohl um private als auch um Kriegsgräbergrabsteine in einer Anlage, so dass eine Unterscheidung nur schwer möglich ist) befindet sich ein Privatgrab mit der Inschrift. „Den Heldentod für Führer und Vaterland starb im Polenfeldzug unser lieber Sohn und Bruder ...“. Ungeklärt ist, ob es sich 1. tatsächlich um ein Grab handelt, 2. ob die Inschrift aus der NS-Zeit oder womöglich nach 1945 stammt und 3. ob eine solche Inschrift rechtswidrig ist.

Nr. 57

Standort Birkenallee, Dietrich-Bonhoeffer-Kirche
Art Denkmal zur Erinnerung an die Opfer der NS-Verfolgung

In der Kirche erinnert das von dem Kölner Künstler Kurt-Wolf von Borries (s. a. Nr. 25) 1965 gestaltete Mahnmal an Dietrich Bonhoeffer.

Literatur: Puvogel/Stankowski, 1996, S. 580; von Borries, 1979.
Quellen: Nachlass Kurt-Wolf von Borries im Deutschen Kunstarchiv, Nürnberg.

Nr. 58

Standort Brucknerstraße 16, Christi Auferstehung
Art Denkmal zur Erinnerung an die Opfer der NS-Verfolgung

Die Edith-Stein-Kapelle wurde am 1. Mai 1987 eingerichtet (Tag der Seligsprechung Edith Steins). Zwei Bronzetafeln erinnern an Edith Stein. Auf der rechten ist ein Relief Edith Steins mit einer Menora und einem Kreuz zu sehen, auf der linken ist folgender Text zu lesen: „Erinnere dich – vergiss es nicht. In Gedenken an Edith Stein. Jüdin – Philosophin – Pädagogin. Karmelitin – Märtyrin. Ermordet in Auschwitz-Birkenau. Am 9. August 1942. Lebte vom 14.10.1933 bis 31.12.1938 im Karmel Köln-Lindental, Dürener Straße 89 Pfarre Christi Auferstehung. Am 1.5.1987 Papst Joh. Paul II. seliggesprochen in Köln. Lasst uns nicht richten, dass wir nicht gerichtet werden, uns alle trügt der Dinge äußere Schein. Wir sehen Rätselbilder hier auf Erden, der Schöpfer einzig kennt das wahre Sein. Edith Stein". Entwurf und Ausführung der Bronzearbeiten erfolgte durch die „Goldschmiede & Kunstwerkstätte der Schönstätter Marienbrüder" in Vallendar. In Köln gibt es weitere Mahnmale für Edith Stein: s.a. Nr. 5, Nr. 58, Nr. 60 und Nr. 71.

Literatur: Moll, 2006, Bd. 2, S. 894–899.

Nr. 59

Standort Decksteiner Straße, hinter dem Park, Jüdischer Friedhof
Art Denkmal zur Erinnerung an die Opfer der NS-Verfolgung

Therese Wallach leitete das Waisenhaus in der Aachener Straße 443 (Abraham-Frank-Haus, s. Nr. 55). Sie nahm sich 1942 das Leben. Ihr Grab befindet sich auf dem Friedhof. Am 28. Juni 1987 wurde der Gedenkstein eingeweiht. Die Inschrift lautet: „Therese Wallach 8.5.1895, 18.10.1942, Leiterin des Abraham-Frank-Hauses zu Köln 1925–1942. Stärker ist als der Tod ist die Liebe."

Literatur: Matzerath, 2009, S. 369ff.; Puvogel/Stankowski, 1996, S. 580.

Nr. 60

Standort Dürener Straße 89
Art Denkmal zur Erinnerung an die Opfer der NS-Verfolgung

Die Gedenktafel erinnert an Edith Stein (zu Edith-Stein-Mahnmalen in Köln s. a. Nr. 5, Nr. 38, Nr. 58 und Nr. 71), die hier am 14. Oktober 1933 in den Orden der Karmelitinnen eintrat und bis 1938 hier wohnte. Der Text auf der Tafel lautet: „Erinnere dich – vergiss es nicht. Im Gedenken an Edith Stein, Jüdin – Philosophin – Pädagogin – Karmelitin – Märtyrin, ermordet in Auschwitz-Birkenau am 9. August 1942, lebte vom 14.10.1933 bis 31.12.1938 im Karmel Köln-Lindental, Dürener Str. 89, Pfarre Christi Auferstehung, am 1.5.1987 von Papst Joh. Paul II selig gesprochen in Köln."

Literatur: Moll, 2006, Bd. 2, S. 894–899; Puvogel/Stankowski, 1996, S. 580.

Nr. 61

Standort Frechener Weg/Gertrudisstraße

Art I. und II. WK-Denkmal (nach 1945)

1951 errichtetes Denkmal mit der Inschrift „Gedenket eurer Helden“.

Nr. 62

Standort Hauptstraße/Klosterstraße
Art I. und II. WK-Denkmal (nach 1918)

Dieses ursprünglich auf den I. Weltkrieg gewidmete Denkmal ist eines der wenigen, das neben den Gefallenen auch „Heimatvertriebene und Flüchtlinge“ des II. Weltkriegs erwähnt. Die Inschriftentafel lautet: „Zum Gedenken an die Gefallenen und Vermissten, an die Heimatvertriebenen und Flüchtlinge 1939–1945“. Die anschließenden Namenstafeln geben keinen Aufschluss darüber, wer zu der letztgenannten Gruppe gehört und ob und eventuell wo sie verstorben sind.

Literatur: Schreiner, 2007, S. 318 und S. 372, Fotos.

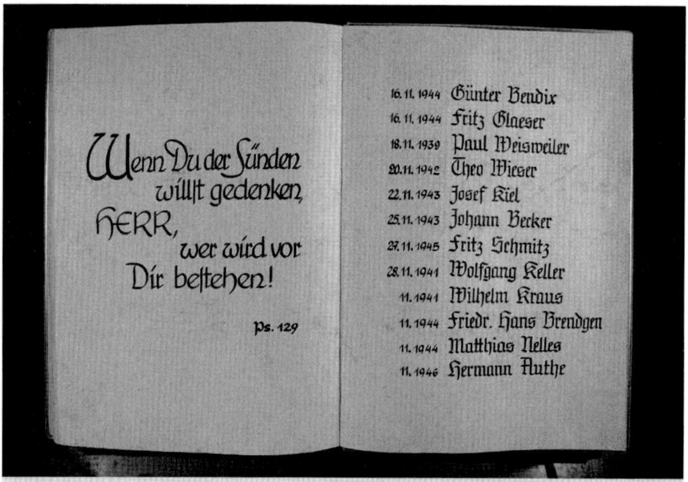

Nr. 63

Standort Klettenberggürtel 71, St. Bruno
Art II. WK-Denkmal

In einer Wandnische befindet sich in einem Messingbehältnis ein Gedenkbuch, das die Namen der im II. Weltkrieg gestorbenen Zivilisten und wohl auch Soldaten verzeichnet. Einige Einträge deuten darauf hin, dass das Buch nicht vor 1962 entstanden sein kann und zudem nicht nur die Namen der im Weltkrieg Verstorbenen enthält, sondern eben auch der Kriegsteilnehmer.

Nr. 64

Standort Lindenweg/Aurikelweg, alter Friedhof
Art Gedenkanlage Kriegsgräberfeld II. WK und I. WK-Denkmal

Es handelt sich hierbei um eine typische Gedenkanlage, die Kriegsgräberfelder mit Mahnmalen verknüpft. Hier wurden ein Kriegsgräberfeld mit einem Denkmal zum I. Weltkrieg (von 1921) mit einem Denkmal zum I. und II. Weltkrieg (von 1962 mit der Inschrift: „Den Opfern 1914–18, 1939–45") miteinander verbunden.

Nr. 65

Standort Nikolausplatz 17, St. Nikolaus
Art I. und II. WK-Denkmal (nach 1945)

In der Kriegergedächtniskapelle (die Mosaiken stammen von Johannes Osten, der Entwurf von Dr. A. Huppertz) im Eingangsbereich befindet sich ein sehr aufwändig gestaltetes „Gedenkbuch“ aus einzelnen Seiten. Auf Halbmonatsseiten werden die Gefallenen und Ziviltoten der beiden Weltkriege genannt. Die Seiten werden eingeleitet mit den Worten: „Es opferten ihr Leben für uns in der Zeit…“. Jede einzelne Seite ist mit floralen und religiösen Motiven illustriert, die Anfang der 1950er Jahre von dem Kölner Kirchenexpressionisten Heinrich Windelschmidt geschaffen wurden. Die Seiten sind in einen extra für das Buch geschaffenen Tisch in zwei Vertiefungen eingelegt. Jeweils links und rechts der Gedenkbuchseiten befindet sich eine reliefierte Tafel. Auf der linken Tafel ist eine Auferstehungsszene dargestellt. Mit der Inschrift unten: „Sie werden sein Angesicht schauen, sein Name ist auf ihren Stirnen“. Rechts sind um ein Kruzifix in der Mitte Kriegsszenen dargestellt, wie Panzer, tote Soldaten, brennende Städte. Letzteres Motiv erinnert an die Bronzetafel des brennenden Kölns von Ewald Mataré (s. a. Nr. 25) am Südportal des Kölner Doms. Unten ist die Inschrift zu lesen: „Selig sind die Toten, die im Herrn sterben, ihre Werke folgen ihnen nach“. Die Signatur („J Osten 87“) unten rechts weist auf die Künstlerin Jutta Osten hin. Das Entstehungsdatum ist 1987.
Die sonstige Ausstattung der Kapelle enthält absichtsvoll keine weiteren Attribute, die an Krieg oder Kriegsgeschehen erinnern.

Literatur: Peters, 1996; Thiemer, 2008 (im Werkverzeichnis: „GA25, Zwei Gedenktafeln für die Gefallenen des Ersten und Zweiten Weltkrieges“, St. Nikolaus, S. 148); Van Elten, 2009, insbesondere S. 42–45.

Nr. 66

Standort St. Severin, Kirchgasse 3
Art Gedenkanlage I. und II. WK-Denkmal

Die Gedenkanlage setzt sich aus einem am 23. August 1923 eingeweihten I. WK-Denkmal und Gedenktafeln zum II. Weltkrieg, die die Namen der Kriegstoten (die Ziviltoten werden als „Heimatopfer" bezeichnet) aufführen, zusammen.

Nr. 67

Standort Stadtwaldgürtel 35, Villa Schröder
Art Denkmal zur Erinnerung an die Opfer der NS-Verfolgung

Die Gedenktafel erinnert an ein Treffen am 4. Januar 1933 in diesem Haus, bei dem Adolf Hitler und Reichskanzler Franz von Papen die Ernennung Hitlers zum Reichskanzler absprachen. Die Inschrift lautet: „Stadtwaldgürtel 35. Hier, im Haus des Privatbankiers Kurt Freiherr von Schröder, trafen sich am 4. Januar 1933 Adolf Hitler und Franz von Papen, um über eine Regierungsbildung zwischen Nationalsozialisten und Rechtskonservativen zu beraten. In diesem Gespräch wurden die Weichen für Hitlers Ernennung zum Reichskanzler am 30. Januar 1933 gestellt und die Voraussetzungen für die menschenverachtende Diktatur der Nationalsozialisten geschaffen. Kurt von Schröder unterstütze bereits vor 1933 die Ziele des Nationalsozialismus und organisierte nach 1933 finanzielle Leistungen der deutschen Wirtschaft an die SS."

Literatur: Matzerath, 2009, S. 62 f.; Stankowski, Stadtführer, 2004, S. 320.

Nr. 68

Standort Sülzburgstraße 112–118
Art Denkmal zur Erinnerung an die Opfer der NS-Verfolgung

1981 haben Jugendliche zur Erinnerung an Zwangsarbeiterinnen diese Gedenktafel angebracht. Sie wurde von den Jugendlichen selber entworfen und ausgeführt. Zum ersten Mal wurde damit in Köln an das Thema Zwangsarbeit erinnert. Auf der Tafel steht: „Zum Gedenken an die 44 Frauen, die während des 2. Weltkrieges auf diesem Gelände als sogenannte Fremdarbeiterinnen Zwangsarbeit verrichten mußten. Nie wieder Faschismus! Nie wieder Krieg!“

Literatur: Fings, 1996; Matzerath, 2009, S. 505 ff.; Puvogel/Stankowski, 1996, S. 581.

Nr. 69

Standort Sülzgürtel 8 (Haltestelle Zülpichstraße/Sülzgürtel)
Art Denkmal zur Erinnerung an die Opfer der NS-Verfolgung

1995 wurde an dieser Stelle eine Gedenktafel eingeweiht, die an das „Nationalkomitee Freies Deutschland" erinnert, das Widerstand gegen den Nationalsozialismus leistete. Hier befand sich die Anlaufstelle für die gesamte Gruppe. Am 24. November 1944 wurde hier die Leitung des Komitees verhaftet.
Der Text der Gedenktafel lautet: „Vom Haus Sülzgürtel Nr. 8 aus organisierte im Herbst 1944 die Kölner Gruppe des „Nationalkomitees Freies Deutschland" den Widerstand gegen das Naziregime. Sie wollte dazu beitragen, den Krieg zu beenden und einen demokratischen Wiederaufbau in Deutschland zu ermöglichen. Zu dieser grössten und breitesten Widerstandsgruppe während des Krieges gehörten Kommunisten, Sozialdemokraten und parteilose NS-Gegner. Am 24. November 1944 verhaftete die Gestapo in diesem Haus die Leitung des Komitees und nahm später insgesamt 59 Mitglieder fest. Engelbert Brinker, Johannes Kerp, Max Neugebauer, Otto Richter, Kurt Stahl und Wilhelm Tollmann wurden von der Gestapo zu Tode gefoltert."

Literatur: Matzerath, 2009, S. 457 ff., S. 460 f., S. 466; Puvogel/Stankowski, 1996, S. 581.

Nr. 70

Standort Walter-Binder-Weg

Art Denkmal zur Erinnerung an die Opfer der NS-Verfolgung

An diesem Ort befand sich von 1941 bis März 1945 ein Sammellager für Juden, die deportiert werden sollten. „Zur Erinnerung an die Toten und als Mahnung für die Lebenden. Im ehemaligen Fort V und dem angrenzenden Bereich befand sich während des 2. Weltkrieges das sogenannte Judenlager Müngersdorf. Hier wurden die aus ihren Häusern und Wohnungen getriebenen Juden konzentriert und in die NS-Vernichtungslager abtransportiert. Rat der Stadt Köln 1981." (s. a. Nr. 17).

Literatur: Matzerath, 2009, S. 369ff.; Puvogel/Stankowski, 1996, S. 580; Würich, 2004, S. 55.

Nr. 71

Standort Werthmannstraße 1, Krankenhauskirche St. Elisabeth, Eingang
Art Denkmal zur Erinnerung an die Opfer der NS-Verfolgung

Gedenktafel für Edith Stein und ihre Schwester Rosa Stein (zu Edith-Stein-Mahnmalen in Köln s. a. Nr. 5, Nr. 38, Nr. 58 und Nr. 60). Die Inschrift der Tafel lautet: „Rosa Stein, Heilige Edith Stein O. C. D. In der Kirche des St. Elisabeth Krankenhauses empfing Rosa Stein am 24. Dezember 1936 durch Prälat Johannes van Acken in Anwesenheit ihrer jüngeren Schwester Edith das Sakrament der Taufe. Beide Schwestern wurden zusammen am 9. August 1942 in Auschwitz-Birkenau ermordet."

Literatur: Moll, 2006, Bd. 1, S. 335–338.

Nr. 72

Standort Wiethasestraße 54, St. Joseph
Art I. und II. WK-Denkmal (nach 1945)

In der Krypta der Kirche St. Joseph hängt eine Gedenktafel des Kölner Metallbildhauers Hans Hoffmann. Er bezeichnet sich selbst als einen christlichen Künstler (Kölner Stadt-Anzeiger 19.4.1984). Die Gedenktafel zeigt den aus dem Feuer auferstandenen Phönix, darunter die Stadt Köln im Wappen mit Lorbeerzweigen und einem Stahlhelm bekrönt. Rechts daneben ein Zitat aus der Bibel (Joh. 11,25): „Ich bin die Auferstehung und das Leben, wer an mich glaubt, wird leben, wenn er auch gestorben ist. Und jeder der lebt und an mich glaubt, wird nicht sterben in Ewigkeit."

Ehrenfeld
(Stadtbezirk 4)

Nr. 73

Standort Butzweilerhof, ehemaliger Flughafen
Art II. WK-Denkmal (?)

Ein Luftfahrt-Denkmal, das auch an Opfer erinnert, die durch den Einsatz von Militärflugzeugen ihr Leben ließen. Der Text auf der Tafel lautet: „Wir gedenken der Menschen, die im Frieden für die Luftfahrt starben. Wir trauern um die Männer, Frauen und Kinder, die im Weltkrieg auf dem Butzweilerhof und in Köln ihr Leben lassen mussten." – „Unsere Verantwortung gilt dem Frieden" – Es wurde am 22. November 2007 eingeweiht.

Literatur: Matzerath, 2009, S. 223f.

Nr. 74

Standort Körnerstraße 91
Art Denkmal zur Erinnerung an die Opfer der NS-Verfolgung

Die Gedenktafel erinnert an die ehemalige Ehrenfelder Synagoge. Der Text der Tafel lautet: „An dieser Stelle stand die Ehrenfelder Synagoge, verbunden mit einer Religionsschule für Mädchen und Jungen, erbaut 1927 nach dem Entwurf des Architekten Robert Stern, zerstört am Tag nach der Reichspogromnacht am 9. November 1938."

Literatur: Matzerath, 2009, S. 369ff.; Purpus/Sellen, 2006, S. 121 f.; Puvogel/Stankowski, 1996, S. 583.

Nr. 75

Standort Mengenicher Straße, Friedhof Mengenich
Art I. und II. WK-Denkmal (nach 1918)

Das Mahnmal ist eines der typischen Vertreter der nach dem II. Weltkrieg weitergewidmeten so genannten Kriegerdenkmäler, die nach dem I. Weltkrieg entstanden sind. Das ursprüngliche Denkmal bestand aus einem Obelisken, auf dem neben den Namen der Gefallenen auch die Inschrift zu lesen ist: „Wer den Tod im heiligen Kampf fand, ruht auch in fremder Erd im Vaterland." Auf der Seite zur Straße hin befindet sich die Inschrift „Die Gemeinde Köln-Bocklemünd-Mengenich ihren gefallenen Helden". Nach 1945 wurden links und rechts Namenstafeln mit den Gefallenen des II. Weltkriegs angebracht, darunter auch Zivilisten, die als „Bombenopfer" bezeichnet werden.

Nr. 76

Standort Olympiaweg (Rheinlandhalle)

Art Denkmal zur Erinnerung an die Opfer der NS-Verfolgung

An der Rheinlandhalle wurde 1997 eine Gedenktafel von dem Künstler John-Michael Bachem mit folgenden Text angebracht: „Zum Gedenken an Albert Richter geb. 1912 in Ehrenfeld, gest. 1940 in Lörrach, von 1928 an wurden in der Rheinlandhalle die Kölner-Sechstage- und andere Radrennen veranstaltet. Der Radweltmeister Albert Richter fuhr hier Anfang der 30er seine ersten Rennen. Er kam 1940 unter ungeklärten Umständen im Gefängnis von Lörrach ums Leben, mutmaßlich von der Gestapo getötet, weil er jüdischen Mitbürgern geholfen und eine kompromisslose Haltung gegenüber dem NS-Regime gezeigt hatte. Die Radrennbahn in Müngersdorf wurde 1996 nach ihm benannt. Er ist auf dem Ehrenfelder Friedhof begraben." Ebenfalls 1997 wurde im Radstadion die Albert-Richter-Bahn nach ihm benannt.

Literatur: Matzerath, 2009, S. 204, S. 209f.

Quellen: Kunst- und Museumsbibliothek der Stadt Köln, Künstlerdossier Bachem, John Michael.

Nr. 77

Standort Rothehausstraße 56, Friedenskirche

Art Denkmal zur Erinnerung an die Opfer der NS-Verfolgung

Gedenktafel für Ernst Flatow, eingeweiht am 11. Juni 2000, gestaltet vom Kölner Künstler Willi Briant. Ernst Flatow wurde 1887 als Sohn jüdischer Eltern geboren. 1912 ließ er sich taufen und arbeitete seit Ende der 1920er Jahre als Hilfsprediger in Ehrenfeld. 1933 wurde er aus dem Dienst entlassen. Deportiert im April 1942 kommt er noch im selben Jahr im Warschauer Ghetto beim Bau der Ghetto-Mauer ums Leben. Seit Januar 2009 gibt es auch eine „Ernst-Flatow-Straße" in Köln-Ehrenfeld.

Literatur: Matzerath, 2009, S. 451, S. 621.

Quellen: Kölner Stadt-Anzeiger v. 15.6.2000.

Nr. 78

Standort Schönsteinstraße/Bartholomäus-Schink-Straße
Art Denkmal zur Erinnerung an die Opfer der NS-Verfolgung

Die am 7. Mai 1972 vom Kölner Jugendring gestiftete Gedenktafel befindet sich an dem Ort, wo am 25. Oktober 1944 und am 10. November 1944 über 20 Menschen öffentlich gehängt wurden. Die Tafel wurde vom Kölner Jugendwerkzentrum entworfen. Zu den Hingerichteten gehörte auch der 16-jährige Dachdeckerlehrling Bartholomäus Schink, nach dem die Straße benannt ist. Die Inschrift der Tafel lautet: „Hier wurden am 25.10.1944 elf vom NS-Regime zur Zwangsarbeit nach Deutschland verschleppte Bürger Polens und der UDSSR und am 10.11.1944 dreizehn Deutsche – unter ihnen jugendliche Edelweisspiraten aus Ehrenfeld sowie andere Kämpfer gegen Krieg und Terror – ohne Gerichtsurteil öffentlich durch Gestapo und SS gehengt [sic!]."

Literatur: Matzerath, 2009, S. 427 ff., S. 518; Puvogel/Stankowski, 1996, S. 581; Werner, 2008, S. 181–199; Würich, 2004, S. 102.

Nr. 79

Standort Venloer Straße, Jüdischer Friedhof

Art Privatgräber (Denkmal zur Erinnerung an die Opfer der NS-Verfolgung)

Viele Privatgrabsteine auf den jüdischen Friedhöfen weisen durch ihre Inschriften deutlich einen Bezug zur NS-Verfolgung auf.

Literatur: Matzerath, 2009, S. 369 ff., S. 419.

Nr. 80

Standort Venloer Straße, Jüdischer Friedhof
Art I. WK-Denkmal

Es handelt sich um eines der wenigen erhaltenen I. WK-Denkmäler, die an jüdische Soldaten erinnern, die im I. Weltkrieg fielen. Ebenfalls auf dem Friedhof befindet sich ein Denkmal des 1919 gegründeten „Reichsbund jüdischer Frontsoldaten“.

Nr. 81

Standort Venloer Straße, Jüdischer Friedhof
Art Gedenkanlage zur Erinnerung an die Opfer der NS-Verfolgung

Die Gedenkanlage setzt sich aus zwei Objekten zusammen. Das erste, hintere besteht aus einer hohen Stele mit Davidstern und zwei Gedenktafeln rechts und links. Der Text unter dem Davidstern lautet: „Unserem letzten von 1908–1942 amtierenden Rabbiner Dr. Isidor Caro, der mit vielen Gemeindemitgliedern den Märtyrertod in Theresienstadt fand. In dankbarer Verehrung die Synagogen Gemeinde Köln." Der Text auf der linken Tafel ist auf Hebräisch, der Text der rechten stellt die deutsche Übersetzung dar: „Zum Andenken an die über 11000 Schwestern und Brüder unserer Gemeinde, die als Opfer des nationalsozialistischen Rassenwahns für das Judentum in den Jahren 1933–1945 gefallen sind. Synagogen Gemeinde Köln." An Dr. Isidor Caro erinnert auch ein „Stolperstein" (Ehrenfeldgürtel 171) und eine Straße.
Das zweite, vordere Objekt wurde nach 1978 errichtet, nachdem Friedhofsgärtner Reste von Thorarollen hier fanden. Das Denkmal erinnert daran, indem es die Zerstörung der Synagogen durch Mauerreste und Thorarolle, sechs Davidsterne (für die sechs 1938 zerstörten Synagogen in Köln) und Menora zeigt. Eine Texttafel erläu-

tert: „Zur Erinnerung und Mahnung. In der Pogromnacht 9.11.1938 (Reichskristallnacht) wurden die jüdischen Gotteshäuser niedergebrannt und zerstört. Reste von teilweise geretteten Thorarollen und heiligen Kultgegenständen wurden im Jahre 1939 auf diesem Friedhof vergraben. Im Jahre 1978 wurden die Überreste wiedergefunden und hier bestattet".

Literatur: Matzerath, 2009, S. 369ff.; Puvogel/Stankowski, 1996, S. 585; Serup-Bilfeldt, 2004, S. 33–39.

Nr. 82

Standort Venloer Straße, Westfriedhof, Tafel am Haupteingang, Ausschilderung auf der linken Seite des breiten Hauptweges „Gräber der Opfer von Krieg und Gewaltherrschaft"

Art Gedenkanlage Kriegsgräberfeld II. WK und Denkmal zur Erinnerung an die Opfer der NS-Verfolgung (?)

Folgt man der Ausschilderung „Gräber der Opfer von Krieg und Gewaltherrschaft" (die auf allen größeren Friedhöfen Kölns zu finden ist), erreicht man zunächst eines der größten Kriegsgräberfelder des II. Weltkriegs in Köln. Auf dem Westfriedhof sollen über 3700 Kriegstote beerdigt sein. Dem Gräberfeld vorgelagert ist die Skulptur „Die Gefangenen" (verschiedentlich auch „La prisonnière" oder „De vrouwelijke gevangene") von Ossip Zadkine. Ähnlich wie bereits bei der Skulptur von Mari Andriessen auf dem Hansaplatz (vgl. Nr. 12) wurde auch hier eine Skulptur aus einem gänzlich anderen Intentionszusammenhang gerissen, der sich nur schwer mit dem heutigen Aufstellungsort verträgt. Der russisch/französische Künstler, der 1941 von Frankreich aus in die USA floh, schuf 1943 in New York diese Plastik.

Er erinnerte damit an die deutsche Besatzungszeit in Frankreich und das Leiden der französischen Bevölkerung. Zadkines Frau musste in Frankreich bleiben und lebte im Untergrund. 1958 wurde ein Guss der Plastik „La prisonnière" von der Stadt Köln erworben und wenig später an diesem Kriegsgräberfeld aufgestellt (vermutlich im Zusammenhang mit einer Neugestaltung). Zu den bekanntesten Plastiken Zadkines gehört wohl das Rotterdamer Mahnmal „Geschonden stad" („Die zerstörte Stadt") von 1953, das an die Bombardierung der Stadt durch die Deutsche Wehrmacht erinnert und zum „Rijksmonument" erklärt wurde. 1967 bemühte sich die Stadt Köln vergeblich um eine Kopie dieses berühmten Denkmals Zadkines in Rotterdam, wogegen sich allerdings auch der Künstler aussprach.

Literatur: Fußbroich, 2000, S. 69; Kolberg, 1988, S. 206; Lützeler, 1975, S. 22–25; Matzerath, 2009, S. 474 ff.; Puvogel/Stankowski, 1996, S. 584.

Quelle: Kunst- und Museumsbibliothek der Stadt Köln, Künstlerdossier Zadkine, Ossip.

Nr. 83

Standort Venloer Straße, Westfriedhof

Art Gedenkanlage zur Erinnerung an die Opfer der NS-Verfolgung

Links hinter dem Kriegsgräberfeld liegt eine komplexe Gedenkanlage (verschiedentlich auch als „Gestapofeld" bezeichnet), die an verschiedene Opfergruppen der NS-Verfolgung erinnert. Eine Inschrift in der Mauer des Eingangsbereiches lautet: „Zum ehrenden Gedächtnis der hier bestatteten Opfer der Gewaltherrschaft und des Krieges 1939–1945". Die Inschrift irritiert, da die angegebenen Jahreszahlen sich nur auf den II. Weltkrieg beziehen. Diese nur zum geringeren Maße zutreffende Inschrift wiederholt sich in der Folge auf den Tafeln des Gräberfeldes.

Der Besucher betritt danach eine Art Gedenk-Vor-Raum, der vermutlich seit 1964 (entworfen 1962, von dessen große Fassungen es zwei Güsse gibt: in Unna (evangelische Stadtkirche) und in Köln) von der Plastik „Pietà" (verschiedentlich auch „Mutter mit totem Sohn") von Kurt Lehmann beherrscht wird. Die Neugestaltung der Gesamtanlage zog sich anscheinend über mehrere Jahre hin. Im Februar 1968 erfolgte die offizielle Einweihung.

Literatur: Fußbroich, 2000, S. 96; Kolberg, 1988, S. 123 ff.; Lange, 1995, S. 66 f.; Lützeler, 1975, S. 22–25; Puvogel/Stankowski, 1996, S. 584; Stankowski, 1994, S. 307–321.

Nr. 84

Standort Venloer Straße, Westfriedhof
Art Gedenkanlage zur Erinnerung an die Opfer der NS-Verfolgung

Nach dem Durchschreiten des Gedenk-Vor-Raumes betritt der Besucher das eigentliche Gräberfeld, auf dem über 1700 Menschen beerdigt liegen. Der vordere Bereich wird von der ebenfalls religiös ausgerichteten Plastik „Jünglinge im Feuerofen“ (1966, im Auftrag der Bundesregierung) von Heribert Calleen dominiert. Die Plastik stellt eine Szene aus dem Alten Testament dar (Dan. 3, 1–97). Weil sie sich weigerten das Standbild des Königs Nebukadnezzar anzubeten, wurden sie dem Feuer übergeben, das sie jedoch unbeschadet überlebten. Es ist fraglich, ob diese Metapher übertragbar ist auf die hier beerdigten Opfer der NS-Verfolgung, die diese gerade nicht überlebten.

Des Weiteren befinden sich mehrere Tafeln auf dem Gräberfeld, die über die dort beerdigten Opfer in sehr allgemeiner Art und Weise Auskunft geben, obwohl bekannt ist, um wen es sich handelt. Auf einer ersten Tafel rechts ist zu lesen: „Hier ruhen zweihundertachtzehn Angehörige verschiedener Nationen. Opfer der Gewaltherrschaft und des Krieges 1939–1945". Die Tafelinschrift links lautet: „Hier ruhen einhundertsechzig wehrlose deutsche Opfer der Gewaltherrschaft und des Krieges 1939–1945". Es handelt sich um Euthanasie-Opfer. Dem gegenüber liegt eine Tafel mit der Inschrift: „Hier ruhen als Opfer der Gestapo siebenhundertachtzig Angehörige verschiedener Nationen."

Literatur: Fußbroich, 2000, S. 103; Kolberg, 1988, S. 59f.; Lützeler, 1975, S. 22–25; Puvogel/Stankowski, 1996, S. 584; Stankowski, 1994, S. 307–321.

Nr. 85

Standort Venloer Straße, Westfriedhof

Art Gedenkanlage zur Erinnerung an die Opfer der NS-Verfolgung

Im hinteren Bereich der Anlage befinden sich die Gräber von Kriegsgefangenen und/oder ZwangsarbeiterInnen. Eine Tafel trägt die Inschrift: „Hier ruhen fünfhundertsechzig Männer, Frauen und Kinder aus der CCCP. Opfer der Gewaltherrschaft und des Krieges 1939–1945“. Abgeschlossen wird die Anlage durch ein sowjetisches Mahnmal aus den 1970er Jahren mit einer Gedenktafel im Boden und der vermutlichen Inschrift (kyrillisch) „Ewige Erinnerung an sowjetische Bürger, Opfer des Faschismus“. Links davon befindet sich ein Obelisk mit einer kyrillischen Inschrift.

Literatur: Fings, 1996; Lützeler, 1975, S. 22–25; Puvogel/Stankowski, 1996, S. 584.

Nr. 86

Standort Venloer Straße, Westfriedhof
Art Zwangsarbeiter-/Kriegsgefangenengräberfeld II. WK

Rechts hinter dem großen Kriegsgräberfeld mit der Plastik von Zadkine liegt ein weiteres Massengrab. Zwei Mahnmale erinnern an die Toten: eines mit einem Kreuz (vermutlich für polnische Opfer) und eines aus rotem Granit (vermutlich für sowjetische Opfer). Beide Inschriften sind unübersetzt.

Literatur: Puvogel/Stankowski, 1996, S. 584.

Nippes
(Stadtbezirk 5)

Nr. 87

Standort Gneisenaustraße 15, St. Bonifatius
Art I. und II. WK-Denkmal (nach 1918)

Die Kapelle („Kriegergedächtniskapelle“) in der Kirche wurde 1921 eingeweiht. Der Architekt war Colombo. Die Bildhauer waren Kürten und Sion. Die Kreuzwegstationen wurden von Wijand Geraerdts angefertigt. Nach 1945 wurde die Kapelle auf den II. Weltkrieg weitergewidmet, indem weitere Namenstafeln angebracht wurden.

Nr. 88

Standort Hermesgasse/Sebastianstraße, Alt St. Katharina, am Niehler Dom
Art Gedenkanlage Einigungskriege-, I. und II. WK-Denkmal

Bei dieser Anlage handelt es sich um einen Gedenk-Raum, der über mehrere Jahrzehnte hinweg mehrfach modifiziert wurde. Nach dem I. Weltkrieg wurde die gesamte Kirche in eine so genannte Kriegergedächtniskapelle (ein altes Foto zeigt das Innere der Kirche mit Fahnen der Kriegervereine geschmückt) umgewandelt. Vor der Kirche war bereits 1875 ein Einigungskriege-Denkmal errichtet worden. Zu den Namen der Gefallenen der Einigungskriege kamen nach 1918 die Namen der Gefallenen des I. Weltkriegs hinzu. Nach 1945 wurden Namenstafeln der Gefallenen des II. Weltkriegs, die sich zunächst an der Kirche befanden, hinzugelegt. Um 1996 wurde bei der Restaurierung diese Gedenkanlage aufgelöst. Die Gedenkplatten kamen in die Kirche, eine Platte mit Inschrift zum II. WK vor das Einigungskriege-Denkmal: „Niehl seinen im Weltkriege [sic!] 1914–1918 gefallenen Söhnen 1939–1945". Letztere Zahlen sind erkennbar hinzugefügt, da im Singular nur von *einem* Weltkrieg gesprochen wird.

Literatur: Festschrift zum 70jährigen Jubelfest, 1937.

Nr. 89

Standort Kriegerplatz/Dionysstraße
Art Einigungskriege-, I. und II.WK-Denkmal

Dieses Denkmal ist ein extremes Beispiel einer unkritischen Weiterwidmung. An dem ursprünglichen Einigungskriege-Denkmal von 1873 wurde nach 1945 eine Tafel angesetzt mit der Inschrift: „Den Opfern von Krieg und Gewaltherrschaft. 1914–1918. 1939–1945". Vermutlich wurde schon nach dem I. Weltkrieg dem Denkmal eine entsprechende Tafel hinzugefügt, die heute jedoch nicht mehr erhalten ist. Die Erweiterung nach 1945 erweckt indes den Eindruck, als habe es eine Gewaltherrschaft und Opfer nur in dem Zeitraum 1939 bis 1945 gegeben.

Literatur: Puvogel/Stankowski, 1996, S. 586.

Nr. 90

Standort Lindweilerweg 94

Art Denkmal zur Erinnerung an die Opfer der NS-Verfolgung

Neben der Luther-Kapelle hängt seit dem 28. September 1991 eine von der Künstlerin Rosemarie Peters gestaltete Gedenktafel, die an die Zwangsarbeiterlager an diesem Ort erinnert. Die Inschrift lautet: „An dieser Stelle befand sich während der Zeit des nationalsozialistischen Völkermordes eines von mindestens fünf Lagern in Longerich. Hier lebten unter menschenunwürdigen Bedingungen Kriegsgefangene sowie ausländische Frauen und Männer, die Zwangsarbeit am Militärflughafen Butzweilerhof verrichten mussten. Wir wollen, dass diejenigen, die unter uns Deutschen gelitten haben, niemals vergessen werden. Die Verantwortung für die Zukunft verlangt, aus der Vergangenheit zu lernen. Friedensgruppe Gartenstadt Nord in Zusammenarbeit mit der Stadt Köln und der Firma Grund und Boden. Anno 1991."

Literatur: Fings, 1996; Matzerath, 2009, S. 146f., S. 224; Puvogel/Stankowski, 1996, S. 585.

Nr. 91

Standort Nordfriedhof (Eingang Merheimerstraße)
Art Kriegsgräberfeld I. und II. WK

Auf diesem Friedhof befindet sich eine der größten Kriegsgräberanlagen. Eine erste Orientierung bietet der Plan am Eingang des Friedhofs („Ehrenanlagen“ und „1939–1945“). Die Ausschilderung erfolgt wie auf den anderen großen Kölner Friedhöfen (s.a. Nr. 50 und 82), obwohl hier beerdigte „Opfer der Gewaltherrschaft“ nicht bekannt sind.

Literatur: Matzerath, 2009, S. 774.

Nr. 92

Standort Scheibenstraße, Innenhof der Feuerwache
Art I. und II. WK-Denkmal (nach 1945)

Die 1981 von dem Kölner Künstler Lajos Barta geschaffene Skulptur „Die Schutzsuchenden" wird ergänzt durch eine in der Nähe aufgestellte Inschriftentafel: „Unseren Gefallenen und in Ausübung ihres Dienstes verstorbenen Kameraden, Berufsfeuerwehr Köln". Der Name der Skulptur stammt nicht von dem Künstler und die Skulptur selber wurde auch nicht als Mahnmal konzipiert (die Idee stammt von einem Besuch des Künstlers der Kirche Santa Maria delle Gracie, Mailand, von 1967). Erst durch die Tafeln im Hintergrund und der Zuschreibung durch die Inschrift kontextualisiert sich das Werk neu.

Literatur: Kolberg, 1988, S. 22; Winkler, 1995, S. 64 ff.

Nr. 93

Standort Wirtsgasse 14
Art Denkmal zur Erinnerung an die Opfer der NS-Verfolgung

Dieses Gebäude wurde nach den Geschwistern Scholl benannt. In dem Gebäude befinden sich Porträts und im Eingangsbereich rechts ein Foto eines Denkmals. 1961 erbaut, war es ursprünglich als ‚Soldatenfreizeitheim' gedacht, wegen der Nähe zur Lüttich-Kaserne am Militärring. Bei der Gründung wurde auf den Bezug zu Widerstandskämpfern wert gelegt. Die an die Geschwister Scholl erinnernden Objekte im Haus stammen noch aus der Gründungszeit.

Chorweiler
(Stadtbezirk 6)

Nr. 94

Standort Causemannstraße/Jungbluthstraße/Merkenicher Ringstraße (mitten im Ort, kleiner, runder Platz)

Art I. und II. WK-Denkmal und Denkmal zur Erinnerung an die Opfer der NS-Verfolgung

1988 wurde hier ein Gedenkstein mit der Inschrift „Den Opfern von Krieg und Gewalt" aufgestellt. In St. Brictius befindet sich im Turm der Kirche eine kleine Gedächtniskapelle, die an die Toten der beiden Weltkriege erinnert.

Literatur: Klever, 1993, S. 24; Puvogel/Stankowski, 1996, S. 586.

Nr. 95

Standort Hackhauser Weg

Art Gedenkanlage Kriegsgräberfeld I. und II. WK (?) und Zwangsarbeiter-/ Kriegsgefangenengräberfeld (?)

Diese Gedenkanlage lässt mehr Fragen offen. Fest steht, dass eine Gedenkplatte die Anlage als I. und II. WK-Denkmal ausweist und dass hier ebenfalls Kriegsgräber zu finden sind. Möglicherweise handelt es sich bei dem gegenüber der Anlage gelegenen Kriegsgräberfeld um Kriegsgefangene aus dem I. Weltkrieg.

Nr. 96

Standort Kirchgasse, Alter Friedhof
Art I. und II. WK-Denkmal (nach 1918)

Unter einem Kruzifix befindet sich ein steinerner Sarkophag, auf dem die Skulptur eines auf dem Rücken liegenden, toten Soldaten ruht. Auf der Vorderseite des Sarkophags werden die Gefallenen des I. Weltkriegs namentlich genannt. Davor ist eine Gedenktafel in den Boden eingelassen. Sie trägt folgende Inschrift: „Den gefallenen Helden und Opfern der Pfarrgemeinde Esch im Weltkriege 1939–1945 in ehrendem Gedenken mein Jesus Barmherzigkeit"

Nr. 97

Standort Kriegerhofstraße, neben St. Marien
Art I. und II. WK-Denkmal (nach 1918)

Das Denkmal besteht aus einem Pfeiler bekrönt mit einem steinernen Eisernen Kreuz. Der Pfeiler trägt die Inschrift: „Unseren gefallenen Kriegern 1914–18“ mit den Namen. Nach 1945 wurde hinzugefügt: „Die Gefallenen 1939–45“ und die Namen der getöteten Soldaten.

Nr. 98

Standort Mennweg
Art I. und II. WK-Denkmal (nach 1918?)

Unauffällig zwischen zwei Häusern (von der alten Römerstraße rechts in den Mennweg) steht ein I. WK-Denkmal, das nach 1945 auf den II. Weltkrieg weitergewidmet wurde. Vermutlich wurde nur die zentrale Gedenktafel ersetzt. Die Inschrift auf der Tafel lautet: „Zum Gedenken den Gefallenen u. Vermissten. Köln-Langel, Rheinkassel u, Kasselberg. 1914–1918, 1939–1945“. Folgende Inschrift stammt wohl noch vom ursprünglichen I. WK-Denkmal: „Den Gefallenen zur Ehre. Die dankbare Heimat“.

Nr. 99

Standort Neusser Landstraße/Kriegerhofstraße
Art I. und II. WK-Denkmal (nach 1918)

Das Denkmal wurde von R. Grüter, einen Bildhauer aus Köln-Nippes, 1922 geschaffen. Es zeigt auf einem hohen Sockel zwei Soldaten, einer auf dem Rücken liegend, sterbend, der andere dahinter kniend. Darunter steht die Inschrift: „Den Gefallenen des Weltkrieges 1914–1918. Die dankbare Heimat Fühlingen." Es folgen die Namen und darunter: „Eine grössere Liebe hat keiner, als der sein Leben hingibt für seine Freunde. Joh. 15.13." Vor dem Denkmal erinnert eine Gedenktafel am Boden an die „Gefallenen und Vermissten" des II. Weltkriegs.

Nr. 100

Standort St. Pankratius, St. Tönnis Straße 35
Art I. und II.WK-Denkmal (nach 1918)

In der Kapelle der Kirche befinden sich Namenstafeln für die Gefallenen des I. Weltkriegs und kleine Namenskreuze für die Gefallenen des II. Weltkriegs, die um eine Gedenktafel mit der Inschrift „Mahnmal für die Opfer der beiden Weltkriege und die damit verbundenen Leiden“ gruppiert sind.

Nr. 101

Standort Sinnersdorfer Straße, kurz vor der Ortsausfahrt
Art I. und II. WK-Denkmal (nach 1918)

Einem Denkmal zum I. Weltkrieg (Stele mit bekrönendem Eisernen Kreuz, aus Basaltlava) mit der Inschrift „Sie gaben ihr Leben und ihr Blut. Dir Vaterland, dir Volk zu gut“ wurden nach 1945 zwei Gedenkplatten mit den Namen der Gefallenen des II. Weltkriegs hinzugefügt.

Porz
(Stadtbezirk 7)

Nr. 102

Standort Am Leuschhof 23, St. Bartholomäus

Art I. und II. WK-Denkmal (nach 1945)

Ein Gedenkbuch, das monatsweise die Namen der Gefallenen des I. und II. Weltkriegs nennt.

Nr. 103

Standort Am Markt
Art Einigungskriege-, I. und II. WK-Denkmal (nach 1918)

Ein nach dem I. Weltkrieg entstandenes (1932) Denkmal, das auch die Namen der Gefallenen der Einigungskriege nennt, wurde ausweislich der Inschrift („Unseren Helden. Die dankbare Gemeinde Zündorf 2. Okt. 1932 Zündorf 4. Okt. 1953“) 1953 auf den II. Weltkrieg weitergewidmet.

Nr. 104

Standort Am Poller Damm, Alter Poller Friedhof

Art Gedenkanlage I. und II. WK-Denkmal (nach 1945) und Gedenktafeln I. WK

Direkt auf der rechten Seite des ehemaligen Friedhofeingangs befindet sich eine Gedenkanlage. Das I. und II. WK-Denkmal, das im August 1978 errichtet wurde, trägt die Inschrift „Den toten Bürgern von Poll zum Gedenken". Daneben liegen Namensplatten der Gefallenen des I. Weltkriegs. Ein Vorläufer-Denkmal stammte von dem Poller Architekten Victor Giorlani und dem Poller Bildhauer Wirtz.

Nr. 105

Standort Frankfurter Straße/Berger Straße, St. Michael
Art I. und II. WK-Denkmal (nach 1945)

Das Denkmal befindet sich an der Seitenschiffaußenwand von St. Michael. Es besteht aus einer Figur des Erzengels Michael und vier Namenstafeln, auf denen sowohl die Gefallenen Soldaten beider Weltkriege, als auch unter der Rubrik „Opfer der Bomben und des Artilleriebeschusses“ Zivilisten genannt sind.

Nr. 106

Standort Friedrich-Ebert-Straße 64–70, Rathaus
Art Denkmal zur Erinnerung an die Opfer der NS-Verfolgung

Der Gedenkstein vor dem Rathaus wurde bereits 1949 errichtet. Der damalige Initiator war die Vereinigung der Verfolgten des Nazi-Regimes (VVN). Er gehört damit zu den frühesten Mahnmalen in Köln. Die Inschrift auf dem Gedenkstein lautet: „Den Opfern der Gewaltherrschaft zum Gedenken. Es liessen ihr Leben: 1933–1945 die Gemeindevertreter Johann Beckschäfer, Porz, Paul Brätter, Wahn-Heide, Franz Decker, Urbach, Heinrich Klein, Langel, und 34 Männer und Frauen. Den Lebenden zur Mahnung. In tiefer Verpflichtung die Bürger der Gemeinde Porz."

Literatur: Puvogel/Stankowski, 1996, S. 586.

Nr. 107

Standort Hauptstraße 143, St. Mariä Geburt
Art Denkmal zur Erinnerung an die Opfer der NS-Verfolgung (?)

Im Dachboden des Pfarrhauses war ein Balken eingebaut mit der Aufschrift: „Fort mit der NaziPest!“ Jetzt liegt der Balken im Keller.

Nr. 108

Standort Militärfriedhof, Heidestraße, von Frankfurter Allee abgehend, bis Kaserne

Art Gedenkanlage Kriegsgräberfelder Einigungskriege, I. und II. Weltkrieg

Hierbei handelt es sich um eine komplexe Anlage, auf der sich u.a. ein Gedenkstein für die 1918 in Köln erschossenen und hier beerdigten revolutionären Matrosen Max Reichpietsch und Albin Köbis und Gräber von sieben Zwangsarbeitern befinden.

Literatur: Fings, 1996; Puvogel/Stankowski, 1996, S. 587.

Nr. 109

Standort Huthmacherstraße, St. Margaretha
Art I. und II. WK-Denkmal (nach 1918)

Außen an der Kirche steht ein Denkmal, das in seiner ursprünglichen Form nach dem I. Weltkrieg entstand und nach 1945 auf den II. Weltkrieg weitergewidmet wurde. Auf der untersten Tafel steht: „Unseren gefallenen Helden. Die dankbare Gemeine Libur“.

Nr. 110

Standort Josefstraße, Friedhof

Art Denkmal zur Erinnerung an die Opfer der NS-Verfolgung

Dieses unmittelbar nach Kriegsende von der Sowjetischen Militärmission errichtete Mahnmal erinnert an die auf dem Friedhof beerdigten Kriegsgefangenen und Zwangsarbeiter. Vermutlich lautet die Übersetzung: „Ewige Ehre für unsere Kameraden, die während deutscher Nazi-Sklaverei gefallen sind“. Eine ebenfalls wiedergegebene englische Übersetzung weicht von der deutschen in Teilen ab: „May our comrads for ever rest in peace who lost their lives through the fashist-regime in the year of 1941–1945“ (s.a. Nr. 113).

Literatur: Fings, 1996; Puvogel/Stankowski, 1996, S. 586.

Nr. 111

Standort Kölner Straße 115, St. Laurentius
Art I. und II. WK-Denkmal (nach 1918)

Ein erstes I. WK-Denkmal an St. Laurentius stammte vom 8. Mai 1921. Es bestand aus einer Gedenktafel und einer Plastik (Pietà) und wurde am 28. Februar 1944 während eines Bombenangriffs zerstört. Am 20. November 1932 wurde ein weiteres Denkmal vom Architekten Heinrich Euler errichtet. Es zeigt ein Relief mit zwei Soldatenporträts. 1991 wurde es restauriert und am 6. Juli wiedereingeweiht. Am 8. Mai 1992 wurde rechts vom Denkmal eine Tafel mit der Inschrift: „Mahnmal für die Opfer der beiden Weltkriege und damit verbundenen Leiden als Widmung von den Bürgern aus Ensen und Westhoven November 1991" der Öffentlichkeit übergeben.

Literatur: Schriftenreihe der Bürgervereinigung Ensen-Westhoven e.V., Heft 1, 1998; Schriftenreihe der Bürgervereinigung Ensen-Westhoven e.V., Heft 2, 1998.

Nr. 112

Standort Kölner Straße 115, St. Laurentius
Art II. WK-Denkmal und Denkmal zur Erinnerung an die Opfer der NS-Verfolgung

1983 wurde in der Betkapelle von St. Laurentius eine Tafel mit der Inschrift „Den Opfern der Kriege und der Gewalt“ angebracht. Drei Gefallenengedenktafeln wurden 1968 aus der Kirche entfernt und 1995 in der Betkapelle wieder aufgehängt. Die erste Tafel beginnt mit den Worten: „Die Treue zum Vaterlande besiegelten mit dem Tode:“.

Literatur: Schriftenreihe der Bürgervereinigung Ensen-Westhoven e.V., Heft 1, 1998, Schriftenreihe der Bürgervereinigung Ensen-Westhoven e.V., Heft 2, 1998.

Nr. 113

Standort Mühlenweg, Urbacher Friedhof, Eingang Frankfurter Straße
Art Denkmal zur Erinnerung an die Opfer der NS-Verfolgung

Das Mahnmal erinnert an die hier in einem Massengrab beigesetzten sowjetischen Kriegsgefangenen und Zwangsarbeiter. Es wurde unmittelbar nach dem Krieg von der sowjetischen Militärmission errichtet. Neben der kyrillischen Inschrift wird der Text auch auf Englisch und Deutsch wiedergegeben: „Ewige Ehre für unsere Kameraden, die während deutscher Nazi-Sklaverei gefallen sind“ (s.a. Nr. 110).

Literatur: Fings, 1996; Puvogel/Stankowski, 1996, S. 586.

Nr. 114

Standort Mühlenweg, Urbacher Friedhof
Art II. WK-Denkmal (?)

Unter dem Hochkreuz des Friedhofs liegt eine Gedenktafel mit der Inschrift: „Den Gefallenen des Turnvereines Urbach u. der Freiwilligen Feuerwehr von Urbach-Elsdorf. Ein ehrendes Andenken … Gott schenke ihnen und uns den Frieden". Die Inschrift deutet darauf hin, dass es sich um Gefallene des II. Weltkriegs handelt.

Nr. 115

Standort Pastor-Paul-Milde-Straße/Altenbergerkreuz, St. Joseph und Hl. Dreifaltigkeit

Art II. WK-Denkmal

Ein einzelnes Blatt, das die Namen der Gefallenen des II. Weltkriegs nennt, liegt in einem rechteckigen Kubus, der an der Vorderseite die Inschrift trägt: „Herr Jesus Christus bewahre sie vor dem Rachen des Löwen. Heiliger Erzengel Michael geleite sie in das heilige Licht." Über dem Kubus an der Wand ist der Erzengel Michael dargestellt.

Nr. 116

Standort Rolshover Straße 587
Art Denkmal zur Erinnerung an die Opfer der NS-Verfolgung

Dieses Haus wurde nach Bernhard Letterhaus (s.a. Nr. 22 und eine Straßenbenennung) benannt. Eine Gedenktafel (die gleiche Gedenktafel wurde für Nikolaus Groß gestaltet, s. Nr. 123) am Haus erinnert an ihn mit folgender Inschrift: „Bernhard Letterhaus. 1894–1944. Gewerkschaftssekretär, katholischer Arbeiterführer, Offizier im Widerstand. Hingerichtet 14 Nov 1944. Er starb für unsere Freiheit." Außerdem befindet sich am Historischen Rathaus am Turm eine Figur für Bernhard Letterhaus.

Literatur: Matzerath, 2009, S. 436ff., S. 447f.; Moll, Bd. 1, 2006, S. 306–309; Puvogel/Stankowski, 1996, S. 587.

Nr. 117

Standort Teutonenstraße, evangelische Mathäuskirche, gegenüber Schule
Art II. WK-Denkmal

An der Außenwand der Kirche hängen rechts und links eines Kruzifixes je zwei Namenstafeln der Kriegstoten des II. Weltkriegs. Die beiden äußeren Tafeln nennen die zivilen Kriegstoten, die beiden inneren Tafeln, unter einem Eisernen Kreuz, die Namen der gefallenen Soldaten.

Kalk
(Stadtbezirk 8)

Nr. 118

Standort Brücker Mauspfad 646
Art I. und II. WK-Denkmal (nach 1918)

Ein rechteckiger gemauerter Pfeiler mit eingelassenen schwarzen Tafeln, in die die Namen der Gefallenen des I. Weltkriegs eingraviert sind, wie der Text „Seinen Helden des Weltkrieges d… dankbare Br…k". Dieser Pfeiler wurde ergänzt zum Gedenken an die Toten von 1939 bis 1945. Vor die Schmalseite des Pfeilers wurde ein großes Holzkreuz, das den Pfeiler überragt, aufgestellt, wodurch die Inschrift nicht mehr vollständig zu lesen ist. Zur Straße hin wurde ein weiteres Element, eine flache rechteckige Mauer hinzugefügt, in die drei Tafeln eingelassen sind. Auf der ersten Tafel sind fünf Kreuze zu sehen, auf der zweiten Tafel steht zu lesen: „1939–1945 Über 52 Millionen Tote in aller Welt" und auf der dritten Tafel direkt daneben: „Sorgt Ihr, die Ihr noch im Leben steht, dass Frieden bleibe, Frieden zwischen den Menschen, Frieden zwischen den Völkern! Theodor Heuss".

Nr. 119

Standort Seitlich des Gremberger Rings, Kreuzungsbereich der beiden Autobahnen, Gremberger Wäldchen

Art Denkmal zur Erinnerung an die Opfer der NS-Verfolgung, Zwangsarbeiter-/Kriegsgefangenengräberfeld

Im Gremberger Wäldchen befindet sich eine Gedenkanlage mit der Bronzeplastik „Die trauernden Eltern“, 1984 entstanden, aufgestellt im Mai 1985, von Klaus Balke. Die Inschrift unter der Skulptur ist teilweise fehlerhaft. Sie lautet korrekt: „Und alles Mitleid, Frau, nenn ich gelogen/das sich nicht wandelt in den roten Zorn/der nicht mehr ruht, bis endlich ausgezogen/dem Fleisch der Menschheit dieser alte

Dorn./Bertolt Brecht". Sie ist der Kriegsfibel von Bertold Brecht entnommen und bezieht sich dort auf ein Foto vom Februar 1942, das ein verzweifeltes russisches Elternpaar zeigt, das soeben seinen toten Sohn identifiziert hat. Der Text zu dem Foto beschreibt, dass die deutsche Armee in Kertsch (Ukraine, auf der Halbinsel Krim gelegen) ein Massaker an über 7000 Zivilpersonen verübt hatte. Der Künstler orientierte sich an diesem Foto, das er als Vorlage für seine Skulptur wählte, indem er den Gestus der verzweifelten Eltern wiedergibt. Einen zweiten Guss der Skulptur hat der Künstler den Kriegsveteranen in Woronesch geschenkt.

Die Gedenkanlage befindet sich auf dem Gelände eines ehemaligen Lagers, über den Gräbern von Zwangsarbeitern.

Die Übersetzung der Inschrift eines auf der Anlage stehenden Findlings befindet sich bei der Skulptur am Eingang. Sie lautet: „Hier sind 74 sowjetische Bürger begraben, die während ihrer Gefangenschaft unter dem Faschismus in den Jahren 1941 bis 1945 ermordet wurden."

Literatur: Brecht, 2008; Fings, 1996; Kolberg, 1988, S. 21 f.; Matzerath, 2009, S. 530; Puvogel/Stankowski, 1996, S. 587; Würich, 2004, S. 107.

Nr. 120

Standort Hans-Schulten-Straße/Dattenfelder Straße
Art II. WK-Denkmal

Das Mahnmal entstand nach den Entwürfen des Kölner Künstlers Joseph Höntgesberg (s. a. Nr. 128 und Nr. 138). Die Form des Denkmals soll ein keltisches Hügelgrab darstellen, das aufgeschnitten wurde. Durch die Form des Hügelgrabes wird auch ein Bezug zum Ostfriedhof hergestellt werden, auf dem es Hügelgräber gibt. Ein Modell befindet sich beim Künstler. Unter der Rasenfläche soll es einen Bunker geben. Die Inschrift auf der Tafel lautet: „Hier starben am 28. Januar 1945 17 Flakhelfer und ein Soldat. Noch in den letzten Tagen des längst verlorenen Krieges wurden die Jugendlichen vom NS-Regime bedenkenlos geopfert. Die Schüler der Oberschulen in Köln-Deutz und Bergneustadt sowie der Mittelschule in Wiehl wurden bei der Flugabwehr eingesetzt. Sie starben bei einem Angriff amerikanischer Bomber auf den Fliegerhorst Ostheim. Zur Erinnerung an die Flakhelfer … [es folgen die Namen] … und den Soldaten … [es folgt der Name]. Errichtet 2000, 55 Jahre nach der Befreiung vom NS-Terror und dem Ende des von Deutschen begonnenen Krieges."

Quellen: Kölner Stadt-Anzeiger 20.2.2008; Kunst- und Museumsbibliothek der Stadt Köln, Künstlerdossier Höntgesberg, Joseph.

Nr. 121

Standort Kratzweg, Friedhof
Art Gedenkanlage Kriegsgräberfeld I. und II. WK und I. WK-Denkmal

Auf dem Friedhof befindet sich eines der größten Kriegsgräberfelder Kölns. Über 1 200 Menschen, darunter auch Zivilisten und russische Zwangsarbeiter, sind hier beerdigt. Der Besucher wird mit dem auf den größeren Friedhöfen Köln-einheitlichen Leitsystem („Gräber der Opfer von Krieg und Gewaltherrschaft") zu den Anlagen geführt.

Literatur: Fings, 1996; Matzerath, 2009, S. 474 ff.

Nr. 122

Standort Kratzweg, Friedhof
Art Zwangsarbeiter-/Kriegsgefangenengräberfeld

Auf dieser Anlage sind russische Zwangsarbeiter beerdigt.

Literatur: Fings, 1996.

Nr. 123

Standort Lilienthalstraße 11
Art Denkmal zur Erinnerung an die Opfer der NS-Verfolgung

Links neben dem Eingang des Jugendwohnheims „Nikolaus-Groß-Haus“ (s.a. Nr. 22, außerdem gibt es in Köln eine Nikolaus-Groß-Straße und dort einen „Stolperstein“ vor dem Haus Nr. 6) hängt eine Gedenktafel, die an Nikolaus Groß erinnert (die gleiche Gedenktafel wurde für Bernhard Letterhaus gestaltet, s. Nr. 116). Der Text der Tafel lautet: „Nikolaus Gross. 1898–1945. Katholischer Arbeiterführer, Bergmann, Gewerkschaftssekretär, Redakteur. Hingerichtet 23 Jan 1945. Er starb für seinen Glauben“.

Literatur: Matzerath, 2009, S. 436 ff., 447 ff.; Moll, 2006, Bd. 1, S. 165–169; Puvogel/Stankowski, 1996, S. 588; Serup-Bilfeldt, 2004, S. 53–65; www.nikolaus-gross.de.

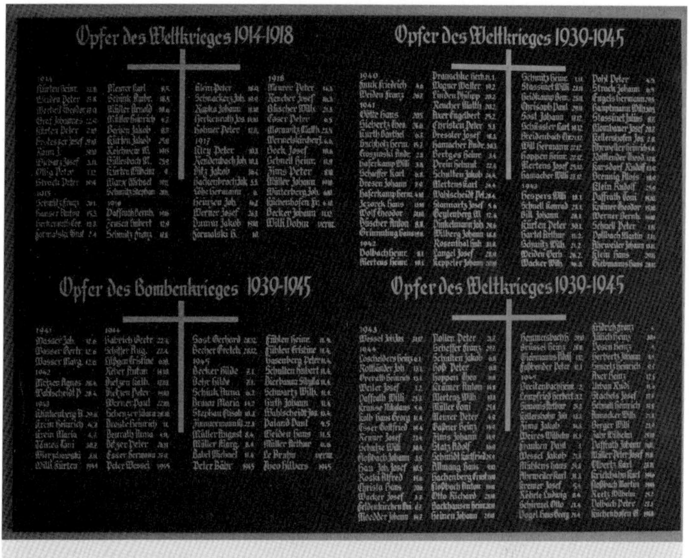

Nr. 124

Standort St. Cornelius, Eiler Straße 98
Art I. und II. WK-Denkmal (nach 1945)

Gedenktafeln in der Kirche und im daneben stehenden Alten Turm. Die Gedenktafeln in der Kirche unterscheiden zwischen „Opfern" des I. und II. Weltkriegs und „Opfern des Bombenkrieges". Die Tafeln im Alten Turm unterscheiden „Fliegeropfer" von den Gefallenen beider Weltkriege. Die Gestaltung des Raumes mit Golgatha-Relief und einer Menora erinnert an eine „Kriegergedächtniskapelle". Es gibt auf allen Tafeln Namenswiederholungen, so dass nicht deutlich wird, welche Kriterien bei der Schaffung der Tafeln angelegt wurden. Möglicherweise sind die Tafeln in der Kirche jüngeren Datums.

Nr. 125

Standort Von-Eltz-Platz 6, St. Gereon

Art Gedenkanlage I. und II. WK-Denkmal (nach 1918) und Denkmal zur Erinnerung an die Opfer der NS-Verfolgung

Einem Denkmal zum I. Weltkrieg (Stele mit aufgesetztem Stahlhelm. Inschrift: „Zu Ehren der Gefallenen Merheimer Krieger 1914–1918“. Es folgen an den Seiten die Namen der Gefallenen) wurden nach 1945 zwei kleinere, flankierende Stelen hinzugesetzt. Die Inschriften auf diesen Stelen lauten: „Zur Erinnerung an die Opfer der nationalsozialistischen Gewaltherrschaft 1933–1945 und des Zweiten Weltkrieges 1939–1945 aus Merheim“ und „Zur Mahnung an die Lebenden. Für Frieden und Toleranz“.

Mülheim
(Stadtbezirk 9)

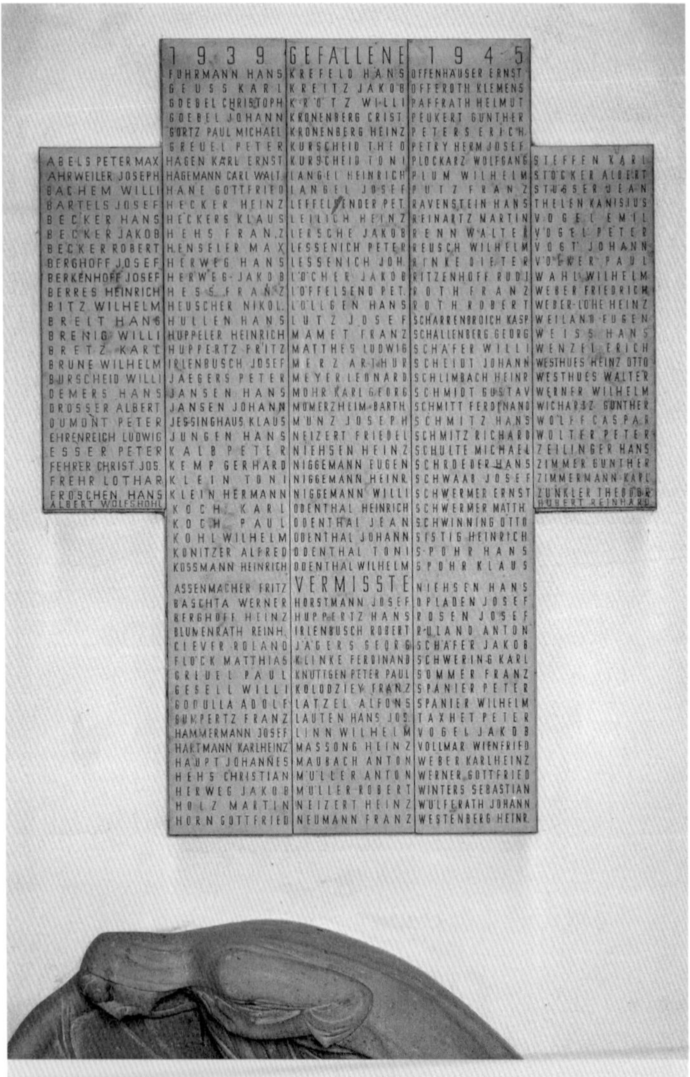

Nr. 126

Standort Alte Wipperfürther Straße 53, St. Mauritius

Art II. WK-Denkmal

Direkt in der Kapelle am Eingangsbereich befindet sich ein vermutlich 1953 errichtetes Denkmal, das an die Gefallenen des I. und II. Weltkriegs erinnert. Es steht an der Stelle einer ehemaligen so genannten Kriegergedächtniskapelle, die im II. Weltkrieg abgebaut und nach 1945 nicht wiedererrichtet wurde. Anklänge daran sind z. B. in dem Glasfenster mit Eichenlaub und in der Deckenbemalung (Lorbeer) zu erkennen. Der Künstler ist Eduard Schmitz (s. a. Nr. 136).

Nr. 127

Standort Andersenstraße/Ecke Erich-von-Schwab-Straße
Art II. WK-Denkmal

Das heutige Denkmal setzt sich zusammen aus zwei Gedenksteinen, die zu unterschiedlichen Zeitpunkten entstanden und aufeinandergestellt wurden. Der untere trägt auf der Vorderseite die Inschrift: „Zum Gedenken an 30 Schüler, die als Luftwaffenhelfer im Raum Köln gefallen sind 1943–1945“. Auf der Rückseite des unteren Steines befindet sich die Inschrift: „Und weiter 7 Soldaten am 5.10.1944 an dieser Stelle“. Der obere Stein hat unter einem Adlersymbol die Inschrift: „Feuerstellung der 2./146“ und auf der Rückseite, unter dem Symbol eines Eisernen Kreuzes, die Inschrift: „Es fielen im Kampfe“. Es folgen vier Namen von 1941 gefallenen Soldaten.

Nr. 128

Standort Eingang Bensberger Marktweg, Ostfriedhof
Art Denkmal zur Erinnerung an die Opfer der NS-Verfolgung

Am 21. November 1993 (ausweislich der Künstlersignatur auf der Bronzetafel 1995) wurde am authentischen Ort eines früheren Zwangsarbeiterlagers dieses Mahnmal eingeweiht. Es stammt von dem Kölner Künstler Joseph Höntgesberg (s. a. Nr. 120 und Nr. 138). Der Künstler hat die barfüßigen Zwangsarbeiterinnen während eines Heimaturlaubes noch selber durch den Ort ziehen sehen und ihre Gesänge gehört. Die Gedenktafel steht an einem stilisierten Barackenfundament. 19 Frauen aus Dellbrück haben ihre Füße für den Abdruck gegeben. Auf einer Gedenktafel wird erklärt: „In der Zeit der nationalsozialistischen Gewaltherrschaft befand sich hier in den Kriegsjahren 1943–1945 ein Zwangsarbeiterlager mit hunderten Frauen und Männern: sowjetische und polnische Staatsangehörige, aus ihrer Heimat Verschleppte, die für die Kriegsziele der NS-Machthaber arbeiten mussten. Die Darstellung zeigt die Lage der Baracken von je 40 m Länge und 10 m Breite. Hier und in den anderen Lagern der Region litten die entwürdigten Menschen an Hunger. Viele starben an Krankheiten und Seuchen. Die barfüßigen Zwangsarbeiterinnen mit ihren melancholischen Gesängen auf den Wegen zu ihren Arbeitseinsätzen hinterließen ihre Spuren aus der Tiefe unserer Erinnerung."

Literatur: Fings, 1996; Puvogel/Stankowski, 1996, S. 589; Würich, 2004, S. 87.

Quellen: Kunst- und Museumsbibliothek der Stadt Köln, Künstlerdossier Höntgesberg, Joseph.

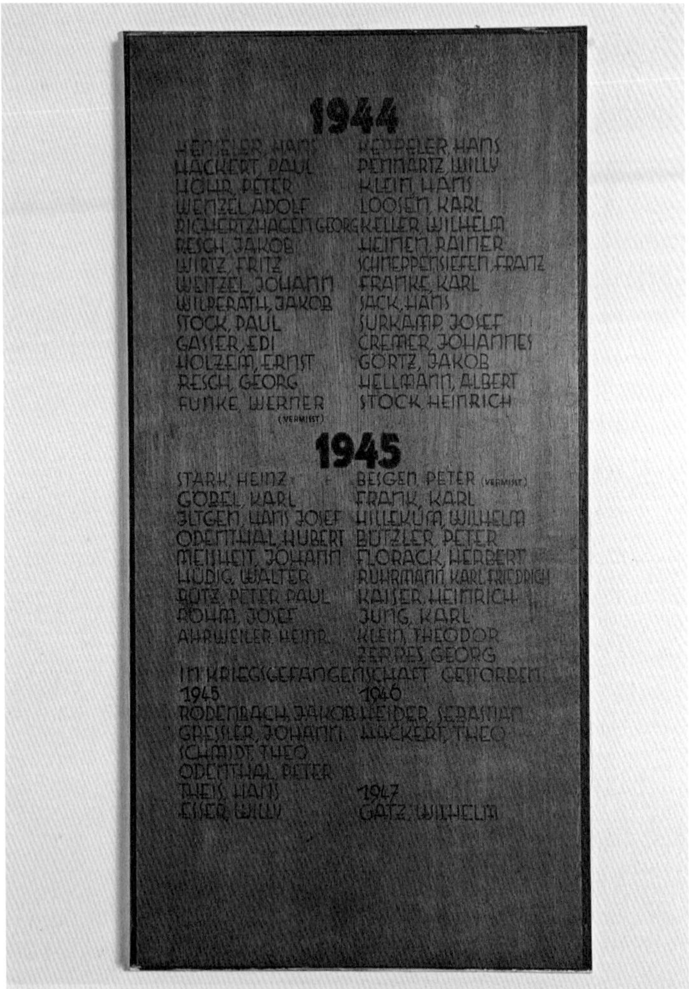

Nr. 129

Standort Bergisch Gladbacher Straße/Humperdinck-Straße, St. Norbert
Art II. WK-Denkmal

In der Kirche befinden sich im Eingangsbereich auf der rechten Seite zwei Namenstafeln für die Gefallenen des II. Weltkriegs. Extra vermerkt sind die von 1945 bis 1947 in Kriegsgefangenschaft verstorbenen Soldaten.

Nr. 130

Standort Bergisch Gladbacher Straße (hinter dem Wiener Platz), evangelischer Friedhof

Art Denkmal zur Erinnerung an die Opfer der NS-Verfolgung

1987 wurde diese Gedenktafel auf Anregung des Presbyteriums der Mülheimer Gemeinde eingeweiht. Sie erinnert an den Diakon Moritz Weissenstein. Die Inschrift lautet: „Zum Gedenken an Diakon Moritz Weissenstein. 1.1.1876, 7.10.1944. Den letzten Mitarbeiter des Westdeutschen Vereins für Israel, der vielen seiner rassisch verfolgten Leidensgenossen zur Flucht verhalf, bevor er selber im „Judenlager" Köln Müngersdorf ein Opfer des Hitler-Faschismus wurde. Seine Beerdigung, die Pfarrer Wilhelm Heynen auf diesem Friedhof Grabstelle 130 ermöglichte, stand unter dem Schriftwort Joh. 1, 47: Siehe ein rechter Israeliter in welchem kein Falsch ist!"

Literatur: Matzerath, 2009, S. 436 ff.; Puvogel/Stankowski, 1996, S. 588.

Nr. 131

Standort Burgwiesenstraße, Friedhof
Art Gedenkanlage Kriegsgräberfeld II. WK und I. und II. WK-Denkmal (nach 1918)

Es handelt sich hierbei um eine typische Gedenkanlage, die Kriegsgräberfelder mit Mahnmalen verknüpft. Im vorliegenden Fall wurde einem Kriegsgräberfeld ein Denkmal zum I. und II. Weltkrieg hinzugefügt. Zwischen einem christlichen und einem Eisernen Kreuz ist folgende Inschrift zu lesen. „Die Bürgerschaft Köln-Holweide ihren Gefallenen 1914–1918, 1939–1945“.

Nr. 132

Standort Euler Straße 2, St. Petrus Canisius
Art II. WK-Denkmal

Die Inschrift auf der Gedenktafel unter der Pietà lautet: „Den Gefallenen, Vermissten und Fliegeropfern 1939–1945. Errichtet im Marienjahr 1954“.

Nr. 133

Standort Friedhof Frankfurter Straße, Höhe Nr. 304
Art Kriegsgräberfeld I. und II. Weltkrieg

Auf diesem Friedhof befindet sich eines der größten Kriegsgräberfelder der Stadt. Über 450 Menschen sind hier an zwei Stellen auf dem Friedhof beerdigt. Die Anlagen sind ausgeschildert, als „Gräber der Opfer von Krieg und Gewaltherrschaft 1939–1945“ und als „Gräber der Opfer von Krieg und Gewaltherrschaft 1914–1918“. Beide Varianten sind unglücklich formuliert.

Literatur: Matzerath, 2009, S. 474 ff.

Nr. 134

Standort Goffineweg, Dünnwalder Friedhof
Art I. und II. WK-Denkmal (nach 1945)

Das Denkmal besteht aus einem schlichten Steinkreuz und erinnert an die Toten des I. und II. Weltkriegs. Die Inschrift lautet: „Unseren Toten“.

Nr. 135

Standort Jan-Wellem-Straße (Grünanlage)
Art Denkmal zur Erinnerung an die Opfer der NS-Verfolgung (?)

Bei diesem am 28. Oktober 1984 eingeweihten Mahnmal wird nicht deutlich, ob es sich um ein Mahnmal für die Opfer der NS-Verfolgung oder/und der Kriege oder doch eher um ein sehr verallgemeinertes Gedenken handeln soll. Der Hauptstein – mit der Inschrift „Den Opfern der Gewalt" – wird ergänzt durch drei weitere kleine Steine mit den Inschriften „Terror", „Krieg" und „Naturgewalt". Insbesondere die letzte Widmung erweitert das Gedenken in eine geradezu universalistisch zu bezeichnende Dimension.

Literatur: Puvogel/Stankowski, 1996, S. 589.

Nr. 136

Standort Mülheimer Freiheit 78
Art Denkmal zur Erinnerung an die Opfer der NS-Verfolgung

Die Gedenktafel erinnert an die ehemalige Synagoge und die kleine Religionsschule für jüdische Mülheimer Kinder. Die Inschrift lautet: „Im Hause Mülheimer Freiheit 78 befand sich bis 1938 die Mülheimer Synagoge. Sie wurde ebenso wie die kleine Religionsschule für jüdische Mülheimer Kinder am 9.11.1938 zerstört." Die Gedenktafel wurde im August 1965 eingeweiht. Der Entwurf stammt von Eduard Schmitz (s. a. Nr. 126), die Ausführung von Franz Xaver Michels.

Literatur: Matzerath, 2009, S. 369 ff.; Puvogel/Stankowski, 1996, S. 588.

Nr. 137

Standort Neurather Ring, Gleisanlagen, Am Springborn, direkt an den Gleisen, jüdischer Friedhof

Art Denkmal zur Erinnerung an die Opfer der NS-Verfolgung

Ein Basaltstein, der mit einer Höhe von 1, 83 Meter, die einem Menschen entsprechen soll, erinnert seit 1985 auf dem jüdischen Friedhof an die verfolgten jüdischen Bürger Mülheims. Die Inschrift ist auf Hebräisch und Deutsch, sie lautet: „Erinnerung führt zur Tat. Zum Gedenken an die verfolgten jüdischen Bürger Mülheims 1933–45. … Christen in Mülheim 1985“.

Des Weiteren markieren auf einigen Privatgräbern die Sterbeorte die nationalsozialistische Verfolgung.

Literatur: Matzerath, 2009, S. 369 ff.; Puvogel/Stankowski, 1996, S. 589.

Nr. 138

Standort Grünanlage Otto-Kayser-Straße

Art Denkmal zur Erinnerung an die Opfer der NS-Verfolgung und der Weltkriege

Das Mahnmal „Engelsturz“ wurde von dem Kölner Künstler Joseph Höntgesberg (s.a. Nr. 120 und Nr. 128) geschaffen und am 22. November 1959 eingeweiht. Auf einer separaten Tafel steht: „Bezwinget den Ungeist. Die Bürger von Dellbrück den Toten der Gewaltherrschaft und der Weltkriege“. Die Inschrift geht auf den Künstler zurück.

Das Mahnmal zeigt den Kampf des Erzengel Michaels und seiner Engel mit dem Drachen (Apok. 12,7).

Der Künstler wählte den Aufstellungsort bewusst in der freien Natur und nicht an einem politisch-zivilen und/oder religiösen Zentrum. Historische Fotos zeigen, dass das Denkmal ursprünglich nur von einem Baum überragt wurde. Heute wirkt es sehr viel unscheinbarer. Der Bewuchs ist so nah herangerückt, dass das Denkmal schon fast keine Rückseite mehr hat.

Literatur: Kolberg, 1988, S. 106; Puvogel/Stankowski, 1996, S. 589.

Quellen: Kunst- und Museumsbibliothek der Stadt Köln, Künstlerdossier Höntgesberg, Joseph.

Nr. 139

Standort Friedhof Sonderburger Straße
Art I. und II. WK-Denkmal (nach 1945)

Auf dem Friedhof befindet sich ein Denkmal, das an die „Kriegsopfer“ beider Weltkriege erinnert. In der Anlage sind auch Nonnen beerdigt. Ob auch sie „Kriegstote“ sind, ist ungeklärt. Ebenfalls auf dem Friedhof befindet sich eine so genannte Kriegergedächtniskapelle des I. Weltkriegs, die heute als Einsegnungshalle genutzt wird. An die ehemalige Funktion erinnert nur noch das äußere skulpturale Programm.

Nr. 140

Standort Stammheimer Hauptstraße/Höhe Salvatorstraße
Art I. und II. WK-Denkmal (nach 1945)

Das schlichte Denkmal steht direkt neben der Kirche St. Mariä Geburt. Der Text der Inschrift lautet: „Den Opfern der beiden Weltkriege 1914–1918 1939–1945 zu Ehren. Den Lebenden zur Mahnung."

Nr. 141

Standort Thurner Straße 2, St. Joseph
Art II. WK-Denkmal

Ein schlichtes Gedenkbuch, das monatlich umgeblättert wird und die Namen der Gefallenen und Vermissten des II. Weltkriegs enthält.

Anhang

Straßenverzeichnis

(die Nummern verweisen auf das jeweilige Gedenkobjekt)

Künstlerverzeichnis

(die Nummern in den Klammern verweisen auf das jeweilige Gedenkobjekt)

Schulnamen

1. **Anne-Frank-Schule**
   Städtische Gemeinschaftsgrundschule
   Adlerstraße 13
   50997 Köln
2. **Edith-Stein-Schule**
   Städtische Realschule
   Niehler Kirchweg 120
   50733 Köln
3. **Erich-Ohser-Schule**
   Städtische Gemeinschaftsgrundschule
   Schulstraße 16
   50767 Köln
4. **Geschwister-Scholl-Schule**
   Städtische Realschule
   Gravenreuthstraße 10
   50823 Köln
5. **Hans-Böckler-Berufskolleg**
   Eitorfer Straße 18–20
   50679 Köln
6. **Janusz-Korczak-Schule**
   Städtische Katholische Grundschule
   Am Altenberger Kreuz 14
   51105 Köln
7. **Kurt-Tucholsky-Schule**
   Städtische Gemeinschaftshauptschule Helene-Weber-Platz
   Helene-Weber-Platz 3–5
   51109 Köln
8. **Maximilian-Kolbe-Gymnasium**
   Nachtigallenstraße 19–21
   51147 Köln
9. **Nikolaus-Groß-Schule**
   Katholische Grundschule
   Bernhard-Letterhaus-Straße 17
   50670 Köln
10. **Pater-Delp-Schule**
    Städtische Katholische Grundschule
    Im Kamp 14
    50859 Köln

Straßennamen

Adolf-Kober-Straße
Albert-Tobias-Weg
Alfred-Döblin-Straße
Allensteiner Straße
Arnold-Overzier-Straße
Auerbachplatz
Bartholomäus-Schink-Straße
Bernaosweg
Bernhard-Günther-Straße
Bernhard-Falk-Straße
Bernhard-Feilchen-Straße
Bernhard-Letterhaus-Straße
Erthold-Brecht-Straße
Bodesheimerstraße
Bonhoefferstraße
Breslauer Straße
Bunzlauer Straße
Carl-Muth-Straße
Christoph-Probst-Straße
Dechant-Löbbel-Platz
Dr.-Scheeben-Straße
Dr.-Simons-Straße
Dülkenstraße
Edith-Stein-Straße
Einsteinstraße
Elias-Gut-Straße
Elisabeth-Langgässer-Straße
Erich-Klibansky-Platz
Ernst-Reuter-Straße
Franz-Werfel-Straße
Fritz-Erler-Straße
Fritz-Haber-Straße
Fritz-Voigt-Straße
Georg-Beyer-Straße
Georg-Fritze-Weg
Georg-Reiter-Straße
Geschwister-Katz-Straße
Geschwister-Scoll-Straße
Glatzer Straße
Gloedenstraße
Glogauer Straße
Hans-Abraham-Ochs-Weg
Hans-Böckler-Platz
Heinrich-Mann-Straße
Heinz-Kühn-Straße
Helene-Richter-Platz
Herbert-Lewin-Straße
Hertha-Kraus-Straße
Hugo-Efferoth-Straße
Ina-Gschlössel-Platz
Isidor-Caro-Straße
Jakob-Brock-Weg
Johann-Beckschäfer-Straße
Johann-Thomer-Straße
Josef-Kallscheuer-Straße
Julio-Goslar-Straße
Julius-Leber-Straße
Karlrobert-Kreiten-Straße
Klausenerstraße
Königsberger Straße (1937)
Kurt-Weill-Straße
Lasker-Schüler-Straße
Laubinger-Weg
Laurentius-Siemer-Straße
Liebermannstraße
Marie-Juchacz-Straße
Martha-Mense-Straße
Martin-Buber-Straße
Matthias-Müller-Straße
Mattlenerweg
Max-Pester-Straße
Meirowskystraße
Memeler Straße
Nikolaus-Groß-Straße
Oderweg
Ollenhauerring
Ossietzkystraße
Otto-Braun-Straße
Otto-Gerig-Straße
Otto-Unger-Straße
Otto-Wels-Straße
Pater-Delp-Straße
Paul-Humburg-Straße
Paul-Löbe-Weg
Peter-Hagen-Straße
Peter-Kütter-Weg
Prälat-Otto-Müller-Platz
Präses-Richter-Platz

Ransenbergweg
Reinhold-Schneider-Straße
Ricarda-Huch-Straße
Rudolf-Breitscheid-Straße
Rudolf-Buch-Straße
Scheidemannstraße
Schmittmannstraße
Schönbergweg
Schumacherring
Schweidnitzer Straße
Stauderstraße
Stauffenbergstraße
Stefan-Zweig-Straße
Sternheimstraße
Theodor-Babilon-Straße
Theodor-Haecker-Straße
Theodor-Hürth-Straße
Thomas-Mann-Straße
Tilsiter Straße (1954)
Tollerstraße
Toni-Schössler-Straße
Tucholskystraße
Viktor-Speier-Holstein-Straße
Von-Galen-Straße
Walter-Meckauer-Straße
Wilhelm-Leuschner-Straße
Wilhelm-Sollmann-Straße
Willi-Sieke-Straße
Willy-Brandt-Platz

Gebäude- und/oder Institutionsbenennungen

Albert-Richter-Rennbahn
Bernhard-Letterhaus-Heim, Rolshover Straße 587
Geschwister-Scholl-Haus, Wirtsgasse 14
Gottfried-Ballin-Haus, Dürener Str. (Haus in der ehemaligen „Etzel-Kaserne“)
Haus Silberberg, Lotharstraße 14–18
Nikolaus-Groß-Haus, Lilienthalstraße 11
Schmittmann-Kolleg, Sachsenring 26

Kriegsgräberanlagen

(über die bereits im Führer erwähnten Anlagen hinaus. Die Zahlenangaben – so weit bekannt – geben die Anzahl der Gräber wieder, so wie sie sich aus den Quellen (Angaben der Kriegsgräberfürsorge) ergeben. Sie lassen erste Rückschlüsse auf die Größe der Anlage zu.)

1. **Urbacher Friedhof,**
   Mühlenweg, Eingang Frankfurter Straße
   Kriegsgräberfeld II. Weltkrieg (im Folgenden: WK)
2. **Friedhof Gereon Kirche**
   Christophstraße/Gereonsdriesch
   Kriegsgräberfeld II. WK — 7
   es sind hier auch zivile Kriegstote beerdigt.
3. **Hans-Schulten-Straße/Rather Kirchweg**
   Kriegsgräberfeld II. WK (?) — 12
4. **Thurner Straße (auf Höhe der Kirche)**
   Kriegsgräberfeld II. WK — 57
   vermutlich sind hier nur zivile Kriegstote beerdigt.
5. **Holzweg**
   Kriegsgräberfeld II. WK — 88
   es sind hier auch zivile Kriegstote beerdigt.
6. **Frankfurter Straße, Schubertstraße**
   Kriegsgräberfeld II. WK — 16
   es sind hier auch zivile Kriegstote beerdigt.
7. **Kölner Straße (Höhe Nr. 132)**
   Kriegsgräberfeld II. WK — 104
   es sind hier auch zivile Kriegstote beerdigt.
8. **Hubertusstraße**
   Kriegsgräberfeld II. WK — 27
   es sind hier auch zivile Kriegstote beerdigt.
9. **Kriegerhofstraße**
   Kriegsgräberfeld — 6
10. **Immendorfer Straße**
    Kriegsgräberfeld II. WK — 14
11. **Immendorfer Hauptstraße, in der Nähe der Kirche**
    Kriegsgräberfeld II. WK — 6
12. **Schrogenweg**
    Kriegsgräberfeld II. WK — 25
    es sind hier auch zivile Kriegstote beerdigt.
13. **Huthmacherstraße/St. Margaretha**
    Kriegsgräberfeld II. WK — 10
14. **Alexander-Petöfi-Platz**
    Kriegsgräberfeld II. WK — 35
    es sind hier auch zivile Kriegstote beerdigt.
15. **Jungbluthstraße**
    Kriegsgräberfeld II. WK — 17

16. **Meschenischer Straße, Ostfriedhof Meschenich**
Kriegsgräberfeld II. WK 16
17. **Feldgartenstraße, Ecke Hermesgasse**
Kriegsgräberfeld II. WK 9
18. **Alfred-Nobel-Straße**
Kriegsgräberfeld II. WK 97
19. **Friedhof Porz-Wahn, Alfred-Nobel-Straße**
Kriegsgräberfeld II. WK
20. **Fockerweg, Friedhof**
Kriegsgräberfeld II. WK 54
es sind hier auch zivile Kriegstote beerdigt.
21. **Alte Römerstraße (Ortseingang)**
Kriegsgräberfeld II. WK 4
22. **Friedhof Sürther Straße**
Kriegsgräberfeld II. WK 78
es sind hier auch zivile Kriegstote beerdigt.
23. **Wiesdorferstraße, Friedhof am Ende rechts**
Kriegsgräberfeld II. WK 39
24. **Scharffersteinstraße**
Kriegsgräberfeld II. WK 12
25. **Damiansweg Friedhof**
Kriegsgräberfeld II. WK 10
26. **Alter Friedhof Wahn,
Eingang Frankfurter Straße, Am Krausbaum**
Kriegsgräber II. WK 80
es sind hier auch zivile Kriegstote beerdigt.
27. **Gartenweg**
Kriegsgräberfeld 35
28. **Nordfriedhof**
(Eingang Merheimerstraße, nach rechts dem Weg folgen oder geradeaus den Hauptweg nehmen, zweiter Weg rechts, in der Nähe des Eingangs)
Kriegsgräberfeld II. WK: Orientierung auf dem Plan am Eingang des Friedhofs („Ehrenanlagen" und „1939–1945"). 4 Steine, 7 Personen. Es sind hier auch zivile Kriegstote beerdigt.
29. **Nordfriedhof** (Eingang Merheimerstraße, Ausschilderung folgen (nach links), oder nach rechts dem Weg folgen bis zum Übergang des Friedhofs auf den zweiten Teilabschnitt)
Kriegsgräberfeld II. WK: Orientierung auf dem Plan am Eingang des Friedhofs („Ehrenanlagen" und „1939–1945"). 937, es sind hier auch zivile Kriegstote beerdigt.
30. **Weißer Hauptstraße, Friedhof**
Kriegsgräberfeld II. WK 18
es sind hier auch zivile Kriegstote beerdigt.
31. **An den Kastanien**
Kriegsgräberfeld II. WK 22
32. **Burgweg**
Kriegsgräberfeld II. WK 40
es sind hier auch zivile Kriegstote beerdigt.

Verzeichnis der zitierten Literatur

Brecht, Bertold, Kriegsfibel, Berlin [6]2008 (Brecht, 2008)

Corbach, Dieter, Die Jawne zu Köln. Zur Geschichte des ersten jüdischen Gymnasiums im Rheinland und zum Gedächtnis an Erich Klibansky, Köln 1990 (Corbach, 1990)

Demnig, Gunter, Projekt Stolperstein, in: Gabriele Lindinger/Karlheinz Schmid (Hg.), Größenwahn – Kunstprojekte für Europa, Regensburg 1993, S. 60–61

Eckstein, Beate, Das Werk des Bildhauers Willy Meller bis 1945, Köln 1998 (Eckstein, 1998)

Endlich, Stefanie/Geyler-von Bernus, Monica/Rossié, Beate (Hg.), Christenkreuz und Hakenkreuz. Kirchenbau und sakrale Kunst im Nationalsozialismus, Berlin 2008 (Endlich/Geyler-von Bernus/Rossié, 2008)

Fachhochschule Köln, EL-DE-Haus (Hg.), Wider den undeutschen Geist, Köln 2001 (Fachhochschule Köln, EL-DE-Haus, 2001)

Festschrift zum 70jährigen Jubelfest der Kameradschaft Köln-Niehl, Köln 1937 (Festschrift zum 70jährigen Jubelfest, 1937)

Fings, Karola, Messelager Deutz. Ein KZ-Außenlager im Zentrum der Stadt, Köln 1996 (Fings, 1996)

Fischer, Hannelore (Hg.), Käthe Kollwitz. Die trauernden Eltern – Ein Mahnmal für den Frieden, Köln 1999 (Fischer, 1999)

Frans-Halsmuseum Haarlem (Hg.), Mari Andriessen 70 Jaar, Haarlem 1967/68 (Frans-Halsmuseum Haarlem, 1967/68)

Frans-Halsmuseum Haarlem (Hg.), Mari Andriessen 80, Haarlem 1977 (Frans-Halsmuseum Haarlem, 1977)

Füllenbach, Elias H., Auschwitz als Krise christlicher Theologie. Zum Kölner Edith-Stein-Denkmal von Bert Gerresheim, in: Edith-Stein-Jahrbuch 10 (2004), S. 175–192 (Füllenbach, 2004)

Fußbroich, Helmut, Skulpturenführer Köln. Skulpturen im öffentlichen Raum nach 1900, Köln 2000 (Fußbroich, 2000)

Gundermann, Christine, Zwischen „friedlicher Invasion“ und „grenzoverschrijdende herdenking“. Erinnerungskulturen an den Zweiten Weltkrieg in der deutsch-niederländischen Grenzregion der EUREGIO, in: Geschichte im Westen, 24/2009, S. 7–40 (Gundermann, 2009)

Hesse, Hans/Purpus, Elke, Gedenken und Erinnern im Rhein-Erft-Kreis. Ein Führer zu Mahnmalen, Denkmälern und Gedenkstätten des Ersten Weltkriegs und zur NS-Zeit (sowie des Zweiten Weltkriegs), Essen 2008 (Hesse/Purpus, Rhein-Erft-Kreis, 2008)

Hesse, Hans/Purpus, Elke, „Sie waren bereit für Gesetz und Vaterland zu sterben!“ Gedenken beim Wort genommen: Ergebnisse einer Recherche, in: Pulheimer Beiträge zur Geschichte, Band 33, 2008, S. 234–260 (Hesse/Purpus, Vaterland, 2008).

Hesse, Hans/Purpus, Elke, Gedenken und Erinnern an die NS-Zeit – Bausteine einer Gedenktopografie des 20. Jahrhunderts. Ein Landkreis und eine

Großstadt im Vergleich, in: Geschichte im Westen, 24/2009, S. 41–72 (Hesse/Purpus, Gedenken und Erinnern, 2009)

Hesse, Hans/Purpus, Elke, „Vor der eigenen Haustür wird die Verdrängung schwieriger“. Gunter Demnigs Projekt STOLPERSTEINE in Frechen, in: Jahrbuch des Frechener Geschichtsvereins e.V., Bd. 5/2009, S. 221–250 (Hesse/Purpus, Stolpersteine, 2009)

Hesse, Hans/Purpus, Elke, „Bei uns wurde weiter vom Bau gesprochen und nicht von Politik. Wieso sollten wir hellsichtiger sein als viele kluge Männer im In- und Ausland“. Anmerkungen zu dem Künstler Wilhelm (Willy) Meller (1887–1974), in: Jahrbuch des Frechener Geschichtsvereins e.V., Bd. 5/2009 (Hesse/Purpus, Wilhelm (Willy) Meller, 2009)

Huiskes, Manfred, Die Wandinschriften des Kölner Gestapo-Gefängnisses im EL-DE-Haus 1943–1945, Mitteilungen aus dem Stadtarchiv von Köln Heft 70, Köln 1983 (Huiskes, 1983)

Klever, Rudolf, St. Brictius in Köln-Merkenich früher und heute, Köln-Merkenich 1993 (Klever, 1993)

Kolberg, Gerhard, Skulptur in Köln. Bildwerke des 20. Jahrhunderts im Stadtbild, Köln 1988 (Kolberg, 1988)

Lange, Rudolf, Kurt Lehmann. Ein Bildhauerleben, Hannover 1995 (Lange, 1995)

Lützeler, Heinrich, Ehrenhain auf dem Westfriedhof in Köln, in: „Köln“, Sept. 1975, Heft 3, S. 22–25 (Lützeler, 1975)

Matzerath, Horst, Köln in der Zeit des Nationalsozialismus. 1933–1945, Köln 2009 (Matzerath, 2009)

Moll, Helmut (Hg.), Zeugen für Christus. Das deutsche Martyrologium des 20. Jahrhunderts, Paderborn, 2 Bde., ^{4}2006, (Moll, 2006)

Neue Gesellschaft für Bildende Kunst e.V. (Hg.), Stolpersteine. Dokumentation, Texte, Materialien, Berlin 2002 (Neue Gesellschaft für Bildende Kunst e.V., 2002)

Niederrheinisches Museum für Volkskunde und Kulturgeschichte (Hg.), Unterwegs. Bert Gerresheim zum 70. Geburtstag, Goch 2005 (Niederrheinisches Museum für Volkskunde und Kulturgeschichte, 2005)

NS-Dokumentationszentrum der Stadt Köln (Hg.), Stolpersteine – Gunter Demnig und sein Projekt, Köln 2007 (NS-Dokumentationszentrum der Stadt Köln, 2007)

Peters, Elisabeth, Kirchliche Wandmalerei im Rheinland 1920–1940: ein Beitrag zur Geschichte des Kölner Instituts für religiöse Kunst, Rheinbach 1996 (Peters, 1996)

Pick, Kurt-Werner, Holocaust-Stele von Dieter Boers (Flyer, undatiert, in: Kunst- und Museumsbibliothek der Stadt Köln, Künstlerdossier Boers, Dieter) (Pick, undatiert)

Pick, Kurt-Werner, Dieter Boers in der Antoniterkirche, in: Antoniter Nachrichten 2/1995, S. 6–9 (Pick, 1995)

Probst, Volker (Hg.), Ernst Barlach. Das Güstrower Ehrenmal, Güstrow 1998 (Probst, 1998)

Professor Willy Meller, Plastiken, Ausstellungskatalog Schloss Oberhausen, Oberhausen 1962 (Professor Willy Meller, 1962)

Prolingheuer, Hans, Der „Rote Pfarrer“ von Köln. Georg Fritze (1874–1939).

Christ, Sozialist, Antifaschist, Wuppertal 1981 (Prolingheuer, 1981)
Prolingheuer, Hans, Der rote Pfarrer. Leben und Kampf des Georg Fritze (1874–1939), Köln [2]1989 (Prolingheuer, 1989)
Purpus, Elke/Sellen, Günther B., Bunker in Köln – Versuche einer Sichtbar-Machung, Essen 2006 (Purpus/Sellen, 2006)
Puvogel, Ulrike/Stankowski, Martin, Gedenkstätten für die Opfer des Nationalsozialismus, Bonn [2]1996 (Puvogel/Stankowski, 1996)
Reidemeister, Leopold, Das Kölner Totenmal von Gerhard Marcks, in: Festschrift für C. G. Heise, S. 243–247, Berlin 1950 (Reidemeister, 1950)
Rektor der Fachhochschule Köln (Hg.), „Bücher können brennen – Gedanken nicht". Dokumentation der Gedenkveranstaltungen vom 17./18. Mai 2001 in der Fachhochschule Köln, Köln 2001 (Rektor der Fachhochschule Köln, 2001)
Rektor der Fachhochschule Köln (Hg.), „Bücher können brennen – Gedanken nicht". Dokumentation der Gedenkveranstaltungen vom 17./18. Mai 2001 in der Fachhochschule Köln, Köln 2001 (erweiterte und mit Fotos versehene Ausgabe) (Rektor der Fachhochschule Köln, 2001, erweiterte und mit Fotos versehene Ausgabe)
Rektor der Fachhochschule Köln (Hg.), Wider den undeutschen Geist, Köln 2005 (Rektor der Fachhochschule Köln, 2005)
Rektor der Fachhochschule Köln (Hg.), Wider den undeutschen Geist – „Verboten und Verbrannt". 73. Jahrestag der Bücherverbrennung 150 Jahre Sigmund Freud. Dokumentation der Gedenkveranstaltung vom 17. Mai 2006 in der Fachhochschule Köln, Köln 2006 (Rektor der Fachhochschule Köln, 2006)
Roeseling, Severin, Das braune Köln. Die Innenstadt in der NS-Zeit. Ein Stadtführer, Köln [2]2003 (Roeseling, 2003)
Rom e.V. (Hg.), Ein Strich durchs Vergessen, Köln 1996 (Rom e.V., 1996)
Schreiner, Peter, Gruß aus … Alte Ansichtskarten aus den Orten der Stadt Pulheim und ihrem Umland als Dokumente zur Geschichte zwischen Kaiserreich und Zweitem Weltkrieg, Pulheim 2007 (Schreiner, 2007)
Schriftenreihe der Bürgervereinigung Ensen-Westhoven e.V., Heft 1, Köln [2]1998 (Schriftenreihe der Bürgervereinigung Ensen-Westhoven e.V., Heft 1, 1998)
Schriftenreihe der Bürgervereinigung Ensen-Westhoven e.V., Heft 2, Köln [2]1998 (Schriftenreihe der Bürgervereinigung Ensen-Westhoven e.V., Heft 2, 1998)
Schulz, Sandra, Verortung der Vergangenheit. „Stolpersteine" des Künstlers Gunter Demnig, in: informationen, 67/Mai 2008 (Schulz, 2008)
Seiger, Bernhard (Hg.), Reformationskirche der Gemeinde Köln-Bayenthal 1905 bis 2005, Köln 2005 (Seiger, 2005)
Serup-Bilfeldt, Kirstin, Stolpersteine, Köln [2]2004 (Serup-Bilfeldt, 2004)
Stadtmuseum Landeshauptstadt Düsseldorf (Hg.), Bert Gerresheim. „Edith Stein". Zum Kölner Denkmal, Düsseldorf 2003 (Stadtmuseum Landeshauptstadt Düsseldorf, 2003)
Stankowski, Martin, Der andere Stadtführer, 2 Bde., Köln 1989 (Stankowski, 1989)

Stankowski, Martin, Wem gehört die Erinnerung? – Formen des Gedenkens und die Auseinandersetzung um Gedenktafeln in Köln, in: Horst Matzerath, Harald Buhlan, Barbara Becker-Jákli (Hg.), Versteckte Vergangenheit. Über den Umgang mit der NS-Zeit in Köln, Köln 1994, S. 307–321 (Stankowski, 1994)

Stankowski, Martin, Der heimliche Stadtplan. Köln aus einer anderen Perspektive, in: Würich, Sabine, Das Gedächtnis der Orte. Spuren nationalsozialistischer Verbrechen in Köln, Köln 2004, S. 108–111 (Stankowski, 2004).

Stankowski, Martin, Köln. Der andere Stadtführer, Köln [2]2004 (Stankowski, Stadtführer, 2004)

Thiemer, Beate, Jutta Osten. Ein gewagtes Leben, Köln 2008 (Thiemer, 2008)

Van Elten, Josef, Kleine Baugeschichte der Nikolauskirche. Köln Sülz 1909–2009 (hg. Katholische Kirchengemeinde St. Nikolaus und Karl Borromäus), Köln 2009 (van Elten, 2009)

Von Borries, Kurt-Wolf, in: Kölner Bildhauer, Köln 1979 (von Borries, 1979)

Von Stockhausen, Hans Gottfried. Das Glasbild, München 1987 (von Stockhausen, 1987)

Weber, Matthias, Die Alte Universität zu Köln, Köln 2001 (Weber, 2001)

Weiler, Oswald, Heimatgeschichte der Orte Rondorf, Hönningen, Hochkirchen, o. O. u. o. J. (Weiler, o. J.)

Werner, Marion, Vom Adolf-Hitler-Platz zum Ebertplatz. Eine Kulturgeschichte der Kölner Straßennamen seit 1933, Köln 2008 (Werner, 2008)

Winkler, Ulrich, Lajos Barta (1899–1986). Das plastische Gesamtwerk, Plön 1995 (Winkler, 1995)

Würich, Sabine, Das Gedächtnis der Orte. Spuren nationalsozialistischer Verbrechen in Köln, Köln 2004 (Würich, 2004)